好感话术

刘艳华 —————— 著

广东旅游出版社
GUANGDONG TRAVEL & TOURISM PRESS
悦读书·悦旅行·悦享人生
中国·广州

图书在版编目（CIP）数据

好感话术 / 刘艳华著. -- 广州 : 广东旅游出版社,
2024. 11. -- ISBN 978-7-5570-3441-2

Ⅰ. H019-49

中国国家版本馆CIP数据核字第2024S1U700号

出　版　人：刘志松
责任编辑：张晶晶　夏于棋
责任校对：李瑞苑
责任技编：冼志良

好感话术
HAOGANHUASHU

广东旅游出版社出版发行

（广州市荔湾区沙面北街71号首层、二层　邮编：510130）

电话：020-87347732（总编室）

020-87348887（销售热线）

投稿邮箱：2026542779@qq.com

印刷：天宇万达印刷有限公司

（河北省衡水市故城县金宝大道侧中兴路）

670毫米×950毫米　16开　12印张　150千字

2024年11月第1版　2024年11月第1次印刷

定价：49.80元

　　说话，是我们人际交流中最主要也最直接的方式，言语的重要性无须细说，它大可一言兴邦，小可一言成事，要想让生活更加顺畅，就得让别人对你的话多产生一些好感。

　　事实上，说好话并不难，但是把话说好却很难。因为每个人的身份不同，语言习惯不同，思维方式不同，所以你认为的"好话"在对方看来未必受用。与人沟通最重要的不是说自己喜欢说的话，而是说对方喜欢听的话，从对方的角度出发组织自己的语言，才能发挥引起对方好感的效果。

　　那么，如何才能引起对方的好感呢？好感话术的关键不是你是否流畅准确地表达了你的思想和信息，而是你所要表达的思想和信息是否能被对方所接受并与之产生共鸣。与前者相比，后者就显得格外重要。也就是说，在日常生活中，不管是对陌生人还是老朋友，要想进一步拉近双方的距离，加深彼此的情谊，就得善于用话语打动对方，一句话说到对方的心坎里。

　　生活中有很多这样的情景，当遇到陌生人时，想要上前搭讪却又担心无话可说陷入尴尬；当遇到老朋友时，想要提些意见却又怕对方不接受，还可能伤了感情；与家人沟通总是不在一个频道；与同事聊天总是把握不好尺度；在上司面前唯唯诺诺；向下属下命令却怎么也不听；谈客户因为话术而不是产品本身的原因错失合作良机……当你遇到这些场景时，再后悔没有提前准备好一套好感话术就已经来不及了。

　　以上这些，是人人都无法避免的生活难题，同时也是本书的核心内容所在。话术是用来解决实际问题的，不能把会说和能说画等号。有时候漂亮话滔滔不绝并不一定管用，只有说到对方心坎里去，才能正中对方罩门，击准痛点，满足需求，这样一句话就能达到你想要的效果。因此，要想从能说进阶到会说的层次，就需要我们适时转变说话的方式，根据不同的场合调整自己的话术。

本书前三章所说，即为基本的话术原则，从整体概括不同的话要怎样说，后七章则从实用的角度出发，结合不同的沟通对象和场合来进行话术指导。每一篇都包含翔实具体的案例，以及精练的话术要点总结，既能帮助读者理解，又不与实际生活脱节。总的来说，这本书是人人值得一看的社交话术宝典。

如果人们沟通时都能引起对方的共鸣，那么无论谈判还是聊天，都会更轻松自然一些；如果人人都能一句话博得对方的好感，那么会客、交友无疑也就充满了乐趣。生活正是因为有了这些乐趣，才显得丰富多彩，愿每一个读者都能用话语为生活创造更多精彩！

目 录

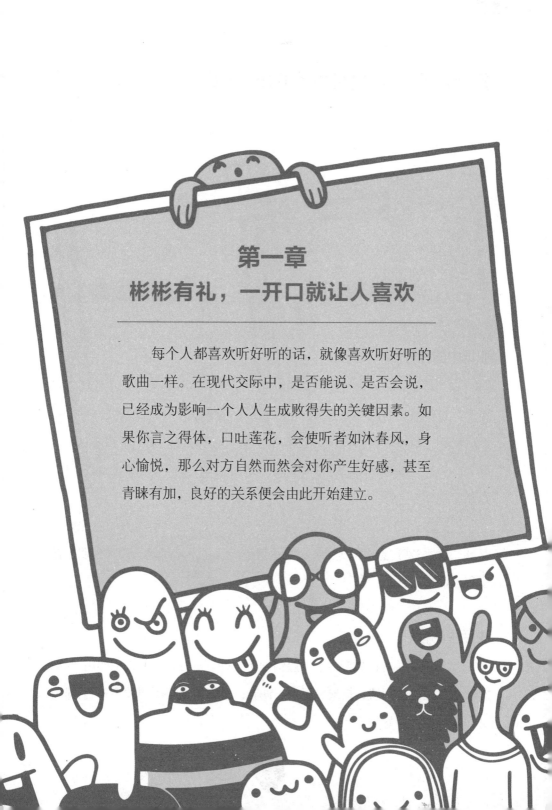

第一章
彬彬有礼，一开口就让人喜欢

每个人都喜欢听好听的话，就像喜欢听好听的歌曲一样。在现代交际中，是否能说、是否会说，已经成为影响一个人人生成败得失的关键因素。如果你言之得体，口吐莲花，会使听者如沐春风，身心愉悦，那么对方自然而然会对你产生好感，甚至青睐有加，良好的关系便会由此开始建立。

称呼适宜，开启良好交际第一步

在人际交往中，称呼是必不可少的。如果称呼合适，会让对方感到心里舒坦，有利于交际进一步发展。反之，则会让对方心里别扭，必然有碍于双方的进一步沟通。因此可以说，合适的称呼是开启良好交际的第一步。

职场中的称呼

在职场上，以对方的职务相称是很合适的，比如肖总、马主任、郭总监等，表达对对方的尊重。对职务低于自己的一般不宜直呼其名，可以以职务相称，也可以根据情况，选择有亲切含义的称呼。如果不知道对方的职务，可先礼貌称呼对方为老师，待了解清楚对方的职务和姓氏后，再改以职务相称。

一些公司流行以年龄大小称呼对方为哥、姐、姨等，如曾哥、王姐、马姨。这类称呼显得亲热熟络，关系亲密，因此无可厚非，通常视双方接受程度而定。

生活中的称呼

生活中的称呼比较复杂，一般情况下，对年长者和知名人士要用尊称，如爷爷、奶奶、阿姨、叔叔、王老、许老；对同辈人视不同关系礼貌称呼，如哥哥、姐姐、妹妹等。

"帅哥""美女"是两个很安全的称呼，特别让年轻人受用。但要避免特殊情况出现，比如贸然称呼一个相貌明显丑陋的人为"帅哥""美女"，有讽刺之嫌，往往会引起对方的反感。

"同志"这个词现在有了新的含义，因此，除了称呼一些上了年纪的老人为同志外，尽量避免使用这个称呼。类似的还有"小姐"这一称呼，也尽量避免使用。而"先生"和"女士"的称呼则安全得多。

朋友之间则可以直呼其名，但通常只称呼其名，不连其姓，以示关系亲密，也可以称呼对方昵称或者英文名字。

其他关系的称呼

合适的称呼不仅仅要求称呼要适宜，还要兼顾到多种关系，比如地域关系、场合关系、心理关系等。

地域关系对称呼也有一定的影响。我国幅员辽阔，地域差异大，方言繁多，同一个称呼，在不同地区可能有不同的含义，因此在称呼时，要考虑到这一点。如"姑娘"这一称呼通常称呼未婚少女，但在湖南常德地区，"姑娘"则是对妻子的称呼，因此在当地如果喊少女为"姑娘"，则被认为是调戏妇女。

通常，在不了解当地方言土语的情况下，以"师傅"称呼对方还是比较稳妥的。但也不是绝对的，有些地方只称出家人为"师傅"，所以在选择称呼时还应考虑当地的语言习惯。

同一个称呼，在有些场合使用很合适，但换一个场合使用就可能不太适宜。比如在家里可以称呼妈妈、爸爸为老妈、老爸，但在一些比较庄重的场合，则不适宜这样称呼，可以称呼母亲、父亲。

同样的称呼，有的人愿意接受，有的人却不愿意接受，如对一个姓陈的渔民，就不适宜称呼他为老陈，因为"陈"同"沉"谐音，容易让人联想到沉船，因此很是忌讳。再比如，同样是 30 多岁的人，有的人不介意别人称他为老张、老佟，但如果是正处于找对象时期，则不喜欢别人称他为老张、老佟，而愿意别人称他为小张、小佟。

　　总之，称呼一定要合适，既要做到称呼的名称合适，又要兼顾到各种关系的影响，只有这样，才能让称呼做到真正的适宜，也才会让称呼真正成为你社交的一张入场券。

好感话术

 这位美女，请问这是你的文件吗？

哦，是的，谢谢你。我叫袁雅，叫我名字就可以了。

 好的，袁雅老师。

哈哈，你可真会叫，不是美女就是老师。

 那当然了，在座的设计老师都是我的前辈。

尊重对方，从铭记对方的名字开始

虽然名字只是一个称呼、一个代号，但不要小看这个简单称呼的力量，它相当重要，因为谁也不愿意自己的名字被忽略。如果见面时你能随时喊出对方的名字，就极有可能获得对方的好感。

称呼名字表达重视和尊重

希德·李维去拜访一位顾客。这位顾客的名字很长，也很难记，全名是尼古马斯·帕帕都拉斯。由于名字难记，所以别人一般都称呼他为"尼古"。

拜访前，李维特意用心记住了对方的名字。当他见到对方时，李维这样说道："早上好，尼古马斯·帕帕都拉斯先生，见到你，非常高兴。"

对方露出十分惊讶的表情，一言不发地站在那里，好几分钟之后眼泪忽然从眼眶中流了出来，他用颤抖的声音对李维说："李维先生，我在这个地方住了十几年，可是从来没有一个人愿意用我的全名称呼我，您太让我感动了。"

热情地称呼对方的名字，是对对方的重视和尊重，表明你将对方放在了心上。如若不然，是不会用心记住对方名字的。这种情况下，对方是非常乐于与你打交道的。

称呼名字使人印象深刻

克莱斯勒公司为罗斯福总统专门量身定做了一辆汽车。克莱斯勒的总经理张伯伦和一个机械师将这辆汽车开到白宫。一见面，罗斯福总统就叫出了张伯伦的名字，这令张伯伦感到非常惊讶和高兴。

张伯伦详细地给总统介绍这辆车的构造和功能，对车的特殊之处更是进行了详尽的解说。当很多白宫的工作人员围在四周称赞这辆汽车时，总统又当着大家的面说："张伯伦先生，你设计这辆车花了大量的时间和心血，非常感谢你。这辆车非常棒！堪称完美之作！"

在介绍结束后，总统又说："嗯，明白了，张伯伦先生，我相信我已经学会了如何驾驶这辆完美的汽车。好了，我已经让联邦储备委员们等了有一会儿了，我想我应该回去工作了。"

张伯伦和机械师礼貌地告别了总统和其他工作人员，离开了白宫。这次会面给张伯伦留下了非常深刻且美好的印象。多年以后，他还清晰地记得当时的情景和总统对他说的话。

罗斯福总统缘何能给张伯伦留下深刻而美好的印象，仅仅是因为对方身份特殊吗？坦白来说，不完全是。最主要的原因是他给予了对方极大的礼遇和尊重，最突出的表现是总统不仅记住了对方的名字，而且还几次三番地亲切地称呼出来。

称呼名字引来更多回头客

在商业交往中，记住别人的名字也非常重要，由此引发的"后果"可能让当事人始料未及。看下面这个例子：

加利福尼亚州一家航空公司有一个叫洛克帕罗的服务员，她经常训练自己记住旅客的名字，并要求自己在为他们服务时叫出他们的名字。这使得接受过她服务的旅客觉得很亲切，感到自己受到了极大的礼遇。

很多旅客心存感激，有的旅客当面表扬她，有的旅客会写信给航空公司表扬她，其中一封表扬信有一段话这样写道："我很久没有坐你们公司的飞机了，但是我决定，从现在起，如果我坐飞机，一定会坐你们的飞机。因为你们亲切的服务让我觉得你们公司似乎是属于我个人的，我非常享受这一点。"

可能洛克帕罗自己也没有想到服务时叫出对方的名字会引来这么大的反响，从知道这件事后，她决定从此更不会允许自己忘记每一位旅客的名字。

拿破仑三世曾经说："虽然我很忙，但是我不会忘记所听过的每个人的名字。"一位皇帝尚且这样要求自己，作为一个普通人，我们有什么理由不去牢记对方的名字呢？

总之，为了给人留下好印象，获得对方的好感，创造一个良好的交际氛围，一定要记住对方的名字，并在交流中适时地喊出来。

好感话术

陈丽，我这有一个采购任务，你看谁比较适合？

给小刘吧，他对市场行情比较了解。

好，刘云，任务交给你了@小刘

没问题！我刚入职两天您就记住我的名字啦！一定使命必达。

活用礼貌用语，让自己更受欢迎

礼貌反映出一个人的基本素养，一个讲礼貌的人虽然不能说所到之处肯定会受到尊重和欢迎，但一个不讲礼貌的人所到之处无疑会遭到他人的反感和抵触，甚至是对抗。即使是一个不讲礼貌的人，也不喜欢别人对他没有礼貌。所以，除去一些非常特殊的场合外，都要做到以礼待人。

使用礼貌用语是以礼待人的重要表现。在工作和生活中，要注意恰到好处地使用礼貌用语，使自己更受欢迎。

一位销售人员见到了熟悉的客户，主动上前招呼："您好，穆先生，好久不见，还好吧？"这样客气的问候定会让客户感觉心里舒服，同时也传达出说话人的良好修养。客户被尊重的心理需求得到满足之后，自然会对对方产生好感，从而愿意与之交流下去。

"肖女士，感谢您在百忙之中，还抽出宝贵的时间和我见面，真是万分感激。"这句话中，礼貌用语的使用会传递出你的真诚和感激，会让对方感受到你的这份情谊，从而使你们的关系亲近起来。

生活中常用的礼貌用语

礼貌用语有很多，您好、欢迎、感谢、谢谢、请、很抱歉、对不起、多关照等，都是较为常见的礼貌用语，也是使用频率较高的礼貌用语。下面我们一起分析一下这些礼貌用语。

"您好"显然要比"你好"更容易让对方获得尊重感，也更容易获得对方好感。

一句"欢迎光临"让来者有一种被礼遇、被当作贵宾的温馨感觉。

"感谢"和"谢谢"是及时表达谢意之语，反映了说者的素养，同时让听者感受到说者的美好祝福。日本人非常爱说"谢谢"，据说，一个百货公司的营业员，平均一天要说571次"谢谢"，可能这个数字有些夸张，但却在一定程度上说明了他们对"谢谢"这一礼貌用语的看重。

"请"仅仅一个字，说起来很简单，但传递出说者的良好素质和美好诚意。

"很抱歉""对不起"表达了说者的一种歉疚，体现出给对方造成损失或者不便而内心愧疚。"对不起"是英国人最常说的礼貌性用语，凡是稍有打扰他人的时候，他们总是及时说声"对不起"。即使没有打扰到他人，他们也往往说声"对不起"。

"多关照"是请求对方在某方面给予照顾，会让对方有一种被重视的感觉，一般听者会很享受，也多半会在能给予说者照顾的时候给予照顾。

使用礼貌用语的注意事项

需要注意的是，在使用这些礼貌用语的时候，不能滥用。张口闭口都是礼貌用语，这样不但不会起到应有的作用，反而可能会引起对方的反感。通常情况下，使用礼貌用语的时候要注意下列事项：

1. 语气要温和亲切。声音不要高，也不要低，更不要娇声细气，有失庄重，否则，礼貌用语就达不到应有的效果，还会引起对方的反感。

2. 表情自然，态度端正。在说礼貌用语时，不要搞怪，要注意表情自然，给人一种亲切温和的印象。态度要适当谦恭，姿态太高或者太低，都是不受欢迎的。如果姿态太高，说话难免趾高气扬，即使使用了礼貌用语，也让人感觉很做作，无法产生亲切之感。姿态放得太低，给人一种卑躬屈膝的卑微感，也让人很不舒服，会给人一种曲意逢迎之感，不容易令人产生信任。

3. 使用要有分寸。 礼貌用语既不能说得过多，也不宜在不该省略的时候省略。说得过多，就失去了应有的意义，给人的印象也不深刻。不该省略的时候略去不说，会给人留下不礼貌的感觉。

综上所述，在与人沟通交流时，要多使用礼貌用语，彰显出良好修养。另外，还要谨记，在使用这些礼貌用语的时候，一定要注意场合、时机、自己的神色表情，只有这样才能让礼貌用语发挥出应有的作用。

好感话术

 这位就是余总吧，幸会幸会！请里面坐。

哈哈，贵公司真是太客气了，能和这么好的公司合作是我的福气。

出人意料的赞美，让人无力抵抗

所有人都喜欢被赞美，都渴望被赞美，无论是小孩，还是老人，也无论是普通人，还是名人，概莫能外。一个企业家说："人都是活在掌声中的，当下属被上司肯定、受到奖赏时，他就会更加卖力地工作。"大文豪萧伯纳曾说过："每次有人吹捧我，我都头痛，因为他们捧得不够。"成功学大师卡耐基曾说过："当我们想要改变别人时，为什么不用赞美来代替责备呢？"可见，赞美有多重要，又多么招人喜欢。

赞美一定要真诚。真诚的赞美是最动听的音乐，人人都喜欢，它相当于一件无坚不摧的武器，所到之处，无往而不利。但是，赞美也不是只要真诚就可以，还需要因人而异、翔实具体、合乎时宜、有理有据，这样才会让人不觉有奉承之嫌，倍加受用。

小美和小莉是一对好姐妹，一次，俩人去逛街，不知不觉中来到一家服装店。小美试穿了一件真丝低领 T 恤。她在试衣镜前转来转去，并征求小莉的意见。小莉觉得一般，就说："我看还行吧，不过，领口是不是有些太低了？"

小美看了看胸口，说道："挺好的，不算低。"说完又美滋滋地在试衣镜前转来转去。

小莉不乐意起来："既然那么看好，又何必问我意见呢？"

一旁的导购小姐走了过来，笑容可掬地对小美说："这件衣服的领子是精心设计的，只有那些脖子修长的女孩才能穿出效果来。你的脖子白皙修长，恰到好处地穿出感觉来了，真的很漂亮。"

导购小姐的一番赞美让本就很兴奋的小美更加兴奋起来，一副心花怒放的样子。她原本就以自己白皙的脖子为美，现在听导购小姐这么一说，自然高兴。

导购小姐转过身对身后满脸不开心的小莉说："这位美女身材匀称，双腿修长挺直，可以试试我们店里新进的时尚直筒牛仔裤，穿上肯定精神。一般人是穿不出效果的。"小莉心情本不愉快，但听了这番话，又看了自己修长的腿，也立马变得高兴起来。

后来小美和小莉都成了这家服装店的忠实主顾，这与那位导购小姐得体的赞美有密不可分的关系。

赞美要因人而异

对老年人，要多提及他们引以为豪的过去；对生意人，要多赞美他们头脑灵活、生财有道；对知识分子，可称赞他们知识渊博、学富五车；对创业者，可称赞他们勇于创新，敢为人先；等等。

赞美要翔实具体

赞美愈翔实具体愈好，这样可以说明你对对方愈了解，对所赞美的长处或者成绩愈看重。与此同时，也会让对方感受到你的真诚、亲切，进而拉近了双方的距离。

赞美要合乎时宜

如果有朋友不停地给你看她和男朋友的影集，那你应该赞美她男朋友的帅气和英俊；如果有一个妈妈不停地向你唠叨她的孩子，那么你应该时不时地赞美她的孩子有多聪明，有多懂事；如果一个男人跟你反复说他认识多少明星、多少名人，那么你应该赞美他的人脉有多宽广。相信这些合乎时宜的赞美之词定会让他们很受用，而你也自然会得到他们的友谊。

赞美要有理有据

需要注意的是，一定不要毫无根据地随便赞美人，否则不但起不到应有的效果，反而可能还会使事情变糟。比如，一个孩子外表呆滞，如果你对他的母亲说："你的孩子看上去很机灵、很可爱！"那多半会惹怒那位母亲，因为这样的赞美对她来说不是赞美，而是一种讽刺。你应该说："你的孩子看上去很健康！"这样，那位母亲才会高兴。

"人类本性上最深的企图之一是期望被赞美、钦佩、尊重。"因此，要想"满足"对方对赞美的需求，就不要吝啬，将你真诚、得体的赞美大声说出来吧！

好感话术

 明天公司团建，我提议，请咱们的歌唱家余总来一段。

算了算了，我这水平太业余，上不了台面。

 都说人越有才越谦虚，您要是算业余，那还有专业的吗？

那好吧！恭敬不如从命，明天大家玩个痛快！

放下架子，别让自己"卓尔不群"

几千年前，诗人屈原就说过："尺有所短，寸有所长；物有所不足，智有所不明。"所以做人要谦虚。

谦虚是一种美德。在工作和生活中，谦虚的人总是能赢得更多的支持和帮助，相反，那些自高自大、看重自己、轻视别人的人总会引起别人的反感，最终将自己置于一种孤立无援的境地。

谦虚是一门艺术，不是随随便便就能将谦虚说到位的。有很多人受到领导、亲朋的夸奖后，也想谦虚一下，但是却不知道如何谦虚，或者不知道如何恰到好处的谦虚。话说不到点子上，最后多半以几句空洞的套话结束。语言贫乏，给人以一种矫揉造作或走形式之感。

那么，在受到夸奖时，如何谦虚才能恰到好处，才能更到位，给人留下良好印象呢？不妨借鉴下面几种行之有效的方法。

自轻成绩法

夸奖都是有缘由的，或是做对了某事，或是研究取得了很大成果，或是开辟了一个新局面，或是帮助了别人，总之是有一定原因的，绝不是空穴来风。当由于某方面的成就获得了认可和夸奖，作为当事人，不妨采取自轻成绩的方法，淡化自己所取得的成就。

牛顿因创建"牛顿"力学闻名世界，当有人称他为伟人时，他认真地说："千万不要这样说，我不知道别人怎么看我，但是我认为自己好像是一个孩子，在海滨玩耍的时候，偶尔拾了几只光亮的贝壳，对于真正的知识海洋，我还没有发现呢！"

牛顿将知识看作大海，把自己取得的成就看成是一个孩子在海边偶然拾得的几枚光亮的贝壳，比喻形象，言语轻松，极好地淡化了自己的成就，给人以真心诚意的谦虚之感。

征求批评法

面对赞美的时候，如果能从本身所取得的成绩出发，认识到不足，向众人诚心诚意征求批评，会更能表现出当事人的谦虚态度。当然，征求批评时，一定要诚心诚意，否则会给人一种矫揉造作之感。

相对肯定法

在面对肯定的时候，如果一味地说自己不行，甚至把自己说得一无是处，反而会给人一种傲慢的感觉，正应了那句"过度的谦虚就是傲慢"的俗语。

一个在表演领域取得一些成绩的青年演员，面对众人的夸奖时，只说了一句："这不算啥，有什么呀。"言外之意是"我还没怎么努力呢"！这就给人一种傲慢的感觉。

面对众人的夸奖，鲁迅是这样说的："哪有什么天才，我不过是把别人喝咖啡、说闲话的时间都用在工作上罢了。"

鲁迅先生先是否认自己是天才，随后肯定自己珍惜时间这一优点，这样相对肯定的说法给人一种更真实的感觉，同时也让人感知鲁迅先生为人做事的谦虚态度。

妙用文字法

有些时候，直言谦虚，会给人一种不真实、虚假的感觉，特别是这种谦虚发生在两个人之间，更显得虚假、空洞。这种情况下，如果能够巧妙利用文字，让谦虚具体化，就会让谦虚显得真实、形象，有触感。

一次，郭沫若和茅盾两位文学大家相聚。俩人谈论起文学巨匠鲁迅来。郭沫若说："鲁迅先生愿做一头为人民服务的'牛'，我愿做这头'牛'的尾巴。"听郭沫若这么说，茅盾也说道："那我愿意做这头'牛'尾巴上的毛！"

俩人围绕鲁迅的比喻，巧妙设喻，一个愿做为人民服务的"牛"的尾巴，另一个愿做为人民服务的"牛"尾巴上的毛，比喻形象、有质感，谦虚的口气展现得淋漓尽致，让人印象深刻。

实际上，谦虚的方法远不止上述几种，在工作和生活中，可以根据不同的场合、时机，不同的交往对象，采取不同的方法。只要虚心而诚恳，方法适宜，相信定会收到良好的效果。

好感话术

 你身材真好，穿什么衣服都讨人喜欢。

还是比不上你，连说话都讨人喜欢。

会开玩笑的人，情商都不会低

直白僵硬的语言通常会使听者感到索然无味，甚至不舒服，而且还往往让气氛陷于尴尬、停顿状态。如果此时能恰到好处地运用幽默的语言，不但可以避免尴尬情形，通常还能令听者高兴。

幽默化尴尬为欢笑

刘墉是乾隆时期的一位大臣，以富有才华著称。一天，乾隆闲来无事，想难为一下聪明的刘墉。他问刘墉："爱卿，你说京城共有多少人？"

毫无防备的刘墉一时间有些慌乱，但随后很快镇定下来，回答道："只有俩人。"

乾隆觉得有些奇怪，又问："此话何意？"

刘墉不慌不忙地回答："人再多，也不外乎男女，岂不是只有俩人。"

乾隆见没有难住刘墉，不甘心，就又问："好，那么你再说说今年京城有多少人出生，又有多少人去世啊？"

刘墉依旧不慌不忙，回答道："只有一人出生，却有十二人去世。"

乾隆问："此话当何讲啊？"

刘墉回答："今年出生的人再多，也都是一个属相，岂不是出生一人。今年去世的人则十二属相的人都有，岂不是去世十二人。"乾隆听后哈哈大笑，暗暗佩服刘墉的才识和机智。

刘墉以机智幽默的回答化解了难题，不但避免了让自己尴尬，还使得乾隆龙心大悦，可谓一箭双雕。

自嘲式幽默的妙用

自嘲也是幽默的一种重要方式，恰当的自嘲能起到活跃气氛、拉近距离的作用。

抗战胜利后，张大千准备从上海返回四川老家。临行前，一众好友举行饯行宴，并特邀梅兰芳先生作陪。宴会刚开始，大家请张大千坐上首，张大千却说："梅先生是君子，坐首座，我是小人，末座作陪。"

大家一时间有些惊愕，梅兰芳先生也愣在那里。只见张大千笑呵呵地说："不是有句话说'君子动口，小人动手'嘛，梅先生唱戏是动口，我画画是动手，所以理应请梅先生坐首座。"众人一听，顿时明白过来，哈哈大笑起来。这番幽默的话既表现了张大千豁达的胸怀，又制造了热闹和谐的宴会气氛。

有些时候，适当的自嘲不但可以让气氛更加活跃，还会起到加深印象的作用。

李雪健是知名的老戏骨，演过无数大大小小的角色，其精湛的演技征服了一代代观众。1991年11月，他因主演《焦裕禄》而同时获得了"金钟奖"和"百花奖"两项大奖。

在颁奖大会上，人们都想听听这名老戏骨对这次饰演角色的看法。李雪健没有像别的演员获奖时那样说一些感谢的套话，只是诚挚地说："苦和累都让一个大好人焦裕禄受了，名和利都让一个傻小子李雪健得了。"

幽默的话语里，饱含着李雪健对饰演人物的无比钦佩和对自己幸运的调侃，可谓意蕴丰富。这句话刚出口，全场立刻掌声雷动。多年以后，人们还清楚记得这句话。

幽默得体的标准

幽默也要讲究得体，不合时宜或失了分寸的幽默，不但不会收到好的效果，反而可能会伤害感情，破坏关系。下面是幽默得体的标准。

1. 内容要健康，格调要高雅。低级甚至粗俗的语言虽然有时候能博得一笑，但很快就会变得乏味，而那些内容健康、格调高雅的幽默不但会给人以美好的精神享受，而且还能使幽默者的形象更"辉煌"。

2. 出发点要友善。幽默的出发点应该是善意的。如果以开玩笑为借口对他人进行冷嘲热讽，就失去了幽默的本意，违背了幽默的初衷。

3. 因人而异。幽默是要看对象的，对有的人可以开玩笑，而对有的人就不宜开玩笑。这要根据具体情况而定。

4. 要依场合而改变。同因人而异一样，幽默也是应该根据不同的场合而要适时改变的，不能不分场合胡乱运用幽默，否则极有可能犯了忌讳。

好感话术

你是我的太阳……不对，你是我的手电筒。

emmm...不是太阳吗？

不是，太阳普照所有人，而我只想让你照我一个。

情景漫画 真诚动人的话术示范

第二章
善解人意，多说别人爱听的话

很多时候，一句同情理解的话，会深入对方的内心，温暖对方，给对方很大的安慰。没有人会一直一帆风顺，总有遇到困难和挫折的时候，这个时候如果有人能换位思考，站在对方的立场去感受，并给予恰当的安慰、鼓励、规劝，无疑会让他人内心倍感温暖。

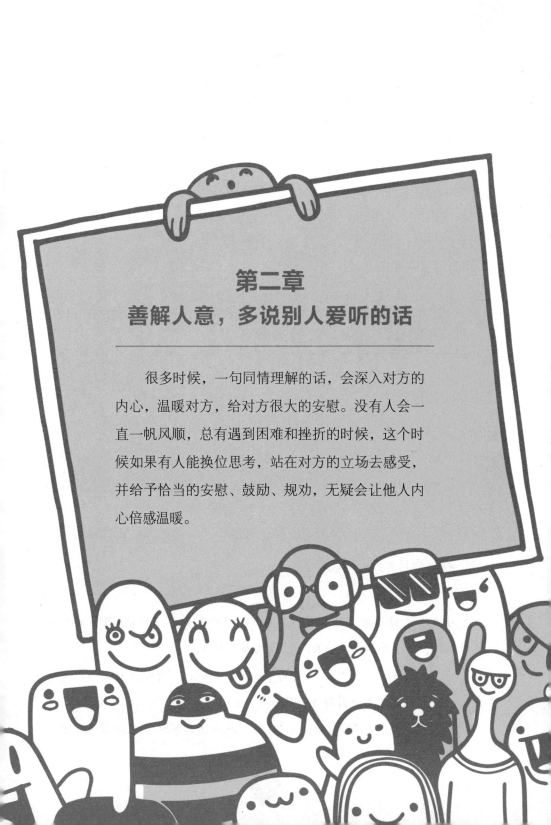

个子低勿说"矮"，身体胖勿说"肥"

人都有不足之处，也都有自尊心，没有一个人愿意别人说自己的短处，揭自己的伤疤，正所谓"人要脸，树要皮"。如果说话不记住这个忌讳，一味攻击别人的短处，揭别人的伤疤，必然会引起对方的反感和抵触，甚至是反击。

每个人都有忌讳

还记得鲁迅笔下的那个惯用精神胜利法的阿Q吧？他也有忌讳。由于他惯用精神胜利法安慰自己，因而很少有让他耿耿于怀的事情，但他却偏偏忌讳别人说他"癞"。因为他的头上长有一块癞疮疤。凡有人在他面前说"癞"字，或者发出"癞"的音，甚至提"光""亮""灯"等字，他都会忍不住发起怒来。

阿Q尚且如此，何况其他人。

小贾是个胖姑娘，一米五的个头，一百六十多斤，严重失衡。她对此也很烦恼，一直在偷偷地减肥，但效果却不明显。

一天，她刚进办公室，她的同事小琴对她说："你吃了什么呀？像吹气似的，感觉又比上个月胖了一圈。"

小贾很生气，立即反驳道："我胖，关你什么事啊？吃你家一粒米，还是喝你家一勺奶了？真是管闲事！"

　　小琴的脸一下子红了起来："我就是那么一说，你那么激动干啥？有那个必要吗？"

　　"我胖怎么了？你凭什么说我？你说我有没有那个必要发火？我胖怎么了？"小贾依旧怒火万丈。

　　小琴明知道肥胖是小贾的缺陷，却偏偏揭对方的伤疤，自然引起对方的不满，不吵起来才怪！

避讳的方法

　　可见，当着矮个子说"矬"，当着胖子说"肥"，有多大的伤害力度。正因为如此，我们才要谨记不要犯这个忌讳。那么，该如何避讳呢？可参照下面几点来进行。

　　1. 避开别人的生理缺陷。要将别人的生理缺陷视为禁区，要小心谨慎地避开。要做到：在谢顶者面前，不说"秃""光""亮"；在胖子面前，不说"胖""肥"；在瘦子面前，不说"猴"；在矮人面前，不说"矬"；在跛子面前，不说"瘸"；在驼背者面前，不说"罗锅"；在久婚不育者面前，少提生儿育女之事。

　　2. 避开别人的隐私。每个人都有自己的隐私不愿让他人知道。尊重别人的隐私，是尊重他人的表现。因此在与别人交流沟通，或者是闲聊时，要避免涉及别人的隐私，这样别人才会愿意跟你交流、交往，跟你做朋友。如果在与他人交流、交往时，你随意触及别人的隐私，想一探究竟，那么，不仅会影响双方沟通交流的效果，还会让人对你产生不好的印象，对你的人品产生怀疑，进而影响今后双方的继续交往。

　　3. 避开别人的伤感事。过去的伤感事通常被当事人当作"情感禁区"

而不愿提及。因此在与人沟通时，要注意避开对方的伤感事，也要注意避免谈论此类话题，以防对方联想到自己的伤心往事。

4. 避开别人的尴尬事。 在与别人交谈时，也要避免引出让对方尴尬的话题。比如对方曾因提拔升迁受挫或某项奋斗目标未能实现，谈话时，就要避免主动引出相关话题，以防对方难受或尴尬。如果不顾忌讳，也不管对方尴尬不尴尬，难受不难受，轻松说出令人尴尬的事，那一定会影响你们的交往。

有些时候，对方的隐私或者忌讳的东西，我们可能无法确切知道。这种情况下，我们要注意观察，如果发现对方神色不对，或者在有意回避这个话题，就要及时住口，或者转移话题。一般情况下，对方也多半不会因你无心的伤害，而迁怒于你。但是如果你是故意为之，或者不顾对方的反应，继续无所顾忌地说下去，那对方必然会与你翻脸。

好感话术

 停停停，今天我们不谈情情爱爱的，叙一叙当年的兄弟情不好吗？

没关系，大家不必忌讳。虽然我刚离了婚，但大家的婚姻还是幸福美满的。谢谢大家对我的关照，请畅所欲言就好。

事办成了要致谢，事没办成也要谢

生活中有一些人，在求人办事之前跟对方说尽好话，只希望把事办成，而事成之后，却把办事之人忘得一干二净，连一句致谢的话都没有，好像从来没有发生过这事一样。更说不过去的是，由于一些原因事情最终没有办成，求人办事者不但不感谢对方的付出，反而埋怨起对方来，怪对方没有把事办成。

显然后者的行为属于一种严重的以自我为中心的行为，而且令人痛心的是这种事在生活中还真是数见不鲜。

恶语伤人开罪人

苏鹏毕业后一直在三线城市工作，他很想在北京这样的大城市谋个职位，可惜四处碰壁，无奈只好拜托在北京工作的同学小白帮忙。

受人所托，小白也十分尽心，一有时间就去拜访行业内的朋友，询问他们有没有空缺的职位，可以给苏鹏一个机会。然而，小白忙活了半个多月，仍然没有找到愿意接纳苏鹏的公司。

当苏鹏问起事情办得怎么样时，小白十分抱歉地告诉他，还没有帮他找到合适的工作。苏鹏对这个回答很不满意，不但没说一句感谢的话，反而还怪小白对同学情谊毫不关心，耽误了自己的前程。

苏鹏的态度让小白很生气："做人怎么能这样呢？又不是我不帮你的

忙，为了你的事，我低声下气去求别人，简直费力不讨好。而你不但没有一点感激之情，还怪我耽误你的前程，真是岂有此理！我今天算是认清人了，以后再想找我帮忙，甭想了！"

此后，小白再也不搭理苏鹏，即使碰面，小白也故意转身。苏鹏就这样因自己的任性失去了一个好朋友。

实际上，不管事情是否办成，都要感谢为此付出的人，正如俗话所说："没有功劳还有苦劳呢。"

忠厚待人结交人

人要学会感恩，它不仅仅让对方感到温暖，也可能会给你带来意想不到的惊喜。

吕楠大学毕业后，想长期留在省城发展。按照当地的政策，如果被有资质的单位正式接纳，就可以将户口调入省城。吕楠花费心思寻找这样有资质的单位，可是由于人生地不熟，她多次碰壁。这时，她忽然想到了同学谢蕊。她知道谢蕊的姐姐谢丽在省城工作多年，可能对她有所帮助。于是，她就找到了谢蕊，央求谢蕊跟谢丽说说，看能否帮助她介绍个有资质的单位接纳她。谢蕊把事情跟姐姐说了，热心的谢丽一口答应帮忙试试看。

但是事情没有像谢丽想象中那样简单，省城内像这样资质的单位并不多，而且对人才的吸纳也都有严格的规定，谢丽咨询了几个朋友，都没有把事情搞定。当她很不好意思地将消息告诉给吕楠时，还想对方是不是会生气，没想到吕楠却笑着说："没事了，姐，我知道事情不好办，没办成就没办成呗，我再想想别的办法，谢谢姐了。"

几个月时间过去了，没有办成户口迁移的吕楠迫不得已回到县城。临走前，她特意找来谢蕊和谢丽吃了一顿饭，以表达自己的感激之情。

本以为事情到此结束了，可是还没有完。大约一年后，不甘心的谢丽竟然帮吕楠找到了愿意接纳她的单位。吕楠终于可以重新回到省城工作了。

仨人又聚在一起，其间，吕楠再三致谢谢丽。谢丽笑着说："你的善解人意、多礼懂事让我决心一定要帮你，所以你不用谢我，要谢的话，就谢谢你自己吧！"

恶语伤人开罪人，忠厚待人结交人。在应该表达谢意的时候，要毫不犹豫地说出口。表达谢意的方式有多种，可以当面说声感谢，可以打个电话表示谢意，也可以通过他人表达感谢。不管通过哪种方式，都会让对方感到温暖，并将你记在心里。

好感话术

 抱歉，你托我办的事情办砸了，我请你吃顿饭吧？

哪里的话，应该我请你才对，没有功劳也有苦劳嘛！

生活有时也需要一些善意的谎言

诚实固然是人们必需的品质，但生活确实需要谎言，特别是需要那些善意的谎言。面对某些特殊情况，善意的谎言往往能产生好的结果，这个时候，谎言真的无关诚信。

善意的谎言，让心态更轻松

比如面对一个生命垂危，但对生活依然充满希望的重症患者，作为医生，要经常这样宽慰自己的病人："好好配合治疗，不久就会康复的。"这就是善意的谎言，它要远远好过对患者说："没有办法，你没有希望了，只能等死。"同样，作为患者的亲戚和朋友，在探望病人时，也要配合医生把谎言进行下去，鼓励病人积极配合治疗，等待康复出院的那一天。

换一个角度看，生命有时候会真的出现奇迹，病人满怀信心配合治疗，积极与病魔做斗争，谁也不能说完全没有希望战胜病魔，恢复健康。即使没有奇迹出现，让病人充满希望地多活一段时间也符合人道主义精神。

善意的谎言，让家庭更和谐

在家庭方面，善意的谎言也同样必不可少，比如小两口新婚宴尔，妻子欢快地下厨房为丈夫做好吃的，尽管做的炸鱼丸酸甜失衡，丈夫还是吃得津津有味，表现出十分爱吃的样子，并连连说："味道不错！"这是丈夫爱的谎言。即使妻子知道丈夫说的是假话，也自然明白丈夫的良苦用心。

　　假如丈夫吃了一口，就不再吃了，还说："太酸了，牙都要酸掉了。"必然会让原本满心欢喜的妻子受到打击，做饭的热情也会一落千丈。

善意的谎言，让生命更顽强

　　在一些特殊的场合，善意的谎言还可能支撑起对未来生活的希望，改变生命的轨道。下面这个生活实例就完美地证明了这点。

　　一个煤矿内，不知哪儿来的地下水忽然灌注进煤矿坑。正在矿下工作的 4 个人急忙爬上平巷上方一个一米多高、三米多宽的平台躲避。短短十分钟内，大水便淹没了平巷和棚顶，形势岌岌可危。

　　4 个人分为两组轮换向平台上挖煤灰，一天时间过去了，4 人挖煤灰的速度显然比不上水流入的速度，水位在不断上升。两天时间过去了，4 人已经停止挖煤灰了，寒冷、饥饿、恐惧、绝望一股脑向 4 人袭来。

　　4 人中有一人负责查看水位，为了让大家有信心坚持下去，他一次次谎报水位在下降。谁能够坚持下去，谁就有可能活着离开这里。三天时间过去了，第四天的时候，水位真的开始下降了，而且速度很快，当水位降到一定程度的时候，外面救援的人蹚着水拿着救援设备终于赶了过来，4 个奄奄一息的人最终得救了。

　　那个说谎的工友靠着一次次的谎报，鼓励身处绝境中的 3 个工友生存下去，最后终于成功走出死亡之境。如果没有那一次次的谎报，很难说，这次奇迹会不会发生。人的信念有的时候很强大，但有的时候却又很脆弱。

生活中谎言不可避免，因此大可不必把所有的谎言一棍子打死。在需要说谎的时候，请及时把不中听的大实话收回肚子里，让善意的谎言为你传递一份爱心、一份善意、一份希望。

好感话术

 我这次住院你们形影不离，以前从来都没有这么勤快过。是不是医生说我得了什么大病？

没有的事，妈，你就别胡思乱想了。只不过公司最近不忙了，这不难得有机会亲自孝敬您老嘛！

讲究技巧的安慰，更能抚慰人心

安慰的目的是让人不快的心绪得到宽慰、疏解，但如何安慰才能收到一个良好的效果呢？这里面有一定的技巧，通常情况下，需要依据实际情况采取不同的方式。

一般式的安慰

一般的安慰是那种在电视里经常见到的善意客套话，比如某个熟识的人生病了，你去医院或者他的家里去看他，临走时通常会说："安心休养吧，别想那么多，很快就会康复的。"

这类最常见的劝慰客套话表达了你的善意之情和关怀之意，但这种安慰不能算是十分抚慰人心的安慰。如果你和生病者仅仅只是一般的朋友，或者这句话出自医生，抑或是陌生人的口中，倒也没有什么不妥。如果生病者是你的一个很重要的亲人或者朋友，这种安慰可能就显得苍白无力，给对方一种敷衍的感觉。

情景式的安慰

好的安慰是一种类似于情景式的安慰。比如，你的好朋友由于某种原因需要较长一段时间卧床，不能下地走路，但精神尚好，你去探望的时候，最好不要说客套性安慰的话，因为那些话通常已经让他厌烦了。你可以说说社会上的新闻、工作中的趣事，或者家里发生的有趣的事，再或者讲一些小笑话。这种另类的安慰定会带给你的朋友不同的感受，他自然也能体会到你的良苦用心。

如果一定要说些安慰的话，也不要带着一副同情怜悯的神情去说，而且不要说那种空洞无力的一般安慰性的话，可以根据具体情况，换一种说法，比如可以说："你小子，现在整天躺着什么也不干，我一天忙得要死，快快好起来，帮我分担一下。"

听到这样的话，对方可能会说："你来躺着，不需要干什么，我起来工作。我倒想起来呢！"他的话虽然这样说，但作为好朋友，他对你的安慰自然不会生气，相反会宽慰不少。

注意除非是非常特殊的关系，否则安慰时不要轻易说"你这点苦算什么，何必这么烦恼呢？""这病不严重，都是你自己多想了"之类的话，这类话通常会招来对方极大反感，他往往会想："真是站着说话不腰疼，说什么风凉话！"

每个人的烦恼不同，每个人的脾气秉性和接受能力也不同。因此，安慰一定不要一视同仁，搞一刀切，一定要根据不同的人、不同的情况采取不同的方式。

安慰别人需要注意的细节

安慰别人，不仅要讲究一定的方式技巧，还要注意一些情感细节，下面几点是一般情况下的注意事项，可供采纳和借鉴。

1. 注重倾听。很多时候，把心中的烦恼都讲出来，心情就会畅快不少。从这个角度讲，静静地、认真地倾听对方的讲述，是一种很好的安慰方式。

2. 允许对方尽情哭泣。哭是宣泄情绪的一种重要方式，所以在对方难以压抑心中痛苦放声痛哭时，要允许对方尽情痛哭，而不要加以制止。你的这种理解会让对方铭记在心。

3. 感同身受的表现。作为亲人或者朋友的你，要对对方所遭受的痛苦感同身受。此时可能不需要说些什么，仅仅这种感同身受的表现就是一种绝好的安慰，就是给予他们的绝好礼物。

4. 坦诚说出你的感受。可能你不知道该说些什么话来安慰对方，当对方对你说"你不明白我此时此刻的感受！"时，你可以坦诚地说："我可能无法体会到你此时此刻的感受，不知道该说什么话安慰你，但我真的关心你！"这样真诚的话定会让对方感到心里温暖。

要注意的是，在安慰中，当对方提出不同的意见时，尽量不要说"反对"的话，因为这个时候不是"纠正"错误的时候，更何况错的不一定是对方，也可能是自己。

要尽量照顾到对方的不快，甚至是痛苦的情绪，要最大程度给予他们空间去做自己、并认同自己的感受，解决窘境的办法可以是转个话题，也可以在不违反原则的情况下，顺着对方说。

好感话术

 我今天又被领导教育了，我是不是该换个领导了？

 说实话，你们领导确实太过分了，换做我的话也不愿意给他卖命。不管你想换到哪里，我都支持你。

将心比心，失意人面前不说得意事

很多人都很喜欢在别人面前夸耀自己，认为自己很牛气，很成功，一副春风得意、扬扬自得的样子。特别在人较多的时候，他们更是迫不及待地将自己的得意事讲出来，以博得更多人的赞赏和羡慕。

客观上说，将自己的得意之事讲给别人听，本也无可厚非，哪一个意气风发的人没有过这个时候呢？但是在讲述你的得意事的时候，要注意一下场合和对象，如果在演说的公开场合，你大可以大讲特讲你的得意之事，而如果是一个私人性质的聚会，则不宜炫耀你的成功。

另外，你的得意事可以对绝大部分人讲，但要注意就是不能对失意者讲。在失意者面前讲你的得意事等同于在揭对方的伤疤，在他看来，你的炫耀充满了嘲讽的味道，是对他的一种伤害。当然，有些人不在乎，你讲你的，他听他的，影响并不大，但是这类人毕竟是少数人。因此，一定要尽量避免在失意者面前炫耀自己，讲自己的得意事，否则会破坏你的个人形象，影响你的人际关系。

自鸣得意须看场合

小顾将几个朋友约到家中聚餐，这几个朋友彼此熟络。小顾将他们约来的目的主要是想借着热闹的气氛给其中一个朋友解闷。这个朋友前一段时间，因经营不善，关闭了自己的公司，而且还欠了银行一笔债务，正处于苦闷之中。

聚会的这几个朋友都知道这个朋友的情况，吃饭聊天中都避免谈及此事，可是其中一个姓范的朋友因前一段时间生意顺利，赚了一大笔钱，几杯酒下肚，忍不住大夸自己赚钱的能力和高瞻远瞩的眼光："当时，我看有机可乘，就马上投入资金……多亏我眼光独到，发现了隐藏的商机，也多亏我……"

其滔滔不绝、满脸放光、扬扬自得的样子让人感觉不舒服。包括主人小顾在内的其他几个朋友也觉得浑身不自在，更别说那个失意的朋友了，他一言不发，脸上难看，一会儿去厕所，一会儿又出去抽烟。

聚会在尴尬的气氛中结束了，小顾送这个失意的朋友出门，在门口，这个失意的朋友说："小范有能力，能赚钱也不必非得在我面前显摆吧？这个人我是看透了！"说完，转身愤愤离去了。

此后，有小范参加的聚会，这个朋友从不参加，并逐渐断绝了与小范的来往，再也不理会小范了。两人的关系到此终结。

惺惺相惜引起共鸣

相反，如果在失意者面前，顺着对方说，最好表现出同病相怜的感受来，则会赢得对方的好感。

小赵的一个朋友也因经营不善，关闭了自己的公司，他的妻子因不堪生活的压力，正与他闹离婚。内外交迫使这个朋友异常苦闷。

小赵将包括这个朋友在内的几个朋友召集在一起。在这个朋友面前，小赵大倒苦水，叙说自己家庭的一大堆苦恼事，说自己妻子曾一度嫌自己工资低，年底没奖金，每天还累死累活的，无力照管家庭。

小赵告诉这个朋友，他也曾为这些事苦恼过，低迷过，但后来还是和和气气地跟妻子沟通，最终取得了妻子的理解，现在两人的生活很美满。

这个朋友从小赵的讲述中，明白了生活中每个人都有走入低谷的时候，都有不顺心的事，大可不必为此苦恼不已，要勇敢面对这种失意，想办法走出谷底，再创辉煌。他非常感激小赵给他上的这堂人生课，决心结束这段失意的日子，勇敢迎接挑战。

　　你有得意事就该与得意的人谈，勿要在失意者面前炫耀。可能你在滔滔不绝、吐沫横飞讲你的得意事时，对方将不满和怨恨也深埋在了心中，从而为你留下隐患。

好感话术

最近怎么样，找到工作了吗？

还没有，我听说你升职了？

还是一样的工作，只是加量不加价而已，我还真想好好在家歇两天。

会看情况打圆场的人最讨大家喜欢

"打圆场"是从善意的角度出发，以特定的话语去缓和紧张的气氛，调节人际关系的一种语言行为，它在日常生活中有着十分积极的意义。

适时打圆场的妙用

有个理发师带了个学徒。学艺3个月后，徒弟感觉手艺学得差不多了，于是请师傅允许他正式上岗，给顾客理发。师傅想了想答应了，徒弟很高兴。

徒弟给第一位顾客理完发，顾客照照镜子说："头发留得太长。"徒弟也不知道该说些什么。师傅在一旁笑着说道："头发长些好，可以让您显得含蓄，这叫藏而不露，符合像您这样有身份的人。"顾客听了，高兴而去。

徒弟给第二位顾客理完发，顾客照照镜子说："头发留得太短。"徒弟也不知该说些什么。师傅笑着解释："头发短些好，那样显得您更精神，英姿飒爽，一看就有精气神。"顾客听了，美滋滋付了钱。

徒弟给第三位顾客理完发，顾客边交钱边嘟囔："理个发花这么长时间，真不知道怎么搞的。"徒弟还是不知道说些什么。师傅又马上笑着解释："为'首脑'多花点时间十分值得。进门苍头秀士，出门白面书生嘛！"顾客听后，转怒为喜，笑呵呵地离去。

徒弟给第四位顾客理完发，顾客一边付钱一边说："用的时间太短了，从洗到理20分钟就搞定了,这也太快了。"徒弟又不知如何应对,愣在那儿。师傅马上笑着解释:"时间就是金钱,'顶上功夫'速战速决,而且保质保量,您何乐而不为?"顾客听了,笑容浮现,客气地告辞离店。

至此,徒弟才知道自己还没有学好手艺,特别是嘴上的功夫还十分欠缺,于是又继续跟师傅学习。

这个理发师机智灵活,能说会道,善于"打圆场",他每次得体地打圆场,都使徒弟摆脱了窘境,而且还赢得了顾客的满意,让对方转怨为喜,高兴而去。徒弟这时候才明白,自己的学艺之路还远远没有结束。

如何适时打圆场

1.**打圆场要善用吉言**。吉言顺耳,爱听吉言几乎是人们共同的心理,如这个故事中的"藏而不露""精气神""进门苍头秀士,出门白面书生"皆是吉言。理发师傅巧妙地利用了人们爱听吉言的这种心理,在顾客抱怨时,有针对性地用吉言来博得对方的欢喜。这样,顾客的抱怨消释了,之前不快的心理得到"吉言"的"慰抚",情绪自然也就得到舒缓了。下面的例子同样说明了这个道理。

慈禧太后当场写了一个"福"字赐给艺人杨小楼。但是在书写的时候,她将"示"字旁错写成了"衣"字旁。旁边的一位小王爷发现了这个错误,他急忙提醒了慈禧太后。

慈禧太后很为难,他不好意思再将赐出去的字要回来,更不好意思让杨小楼拿走一个写错了的字,因此一时间,气氛很紧张。这时,聪明的太监李莲英站了出来,笑呵呵地说:"老佛爷之福,理应要比别人多出一'点'呀!"此话一出,尴尬的气氛顿时一扫而空,慈禧太后和大臣们以及那位艺人杨小楼都笑了。

2. **打圆场要注意扬长避短**。生活中的好与坏、对与错、利与弊是相对的。任何事情都有两重性，要辩证地看待问题，注意扬长避短，打圆场同样也要注意扬长避短。理发师傅针对各种不同的情况，用巧妙的语言去做解释，通过"扬长"，把对方引向新的视角，对先前不满意的事来一番变位思考，让对方从一个新的角度去体会美好的地方，从而愉快地接受自己的观点。

3. **打圆场还要求用语幽默**。幽默的语言会让尴尬的气氛得到缓解，使人转怒为喜，甚至开怀大笑，而且还可以使人从中获得感悟。在第一个故事中，理发师傅对第三位顾客所说的话中，"首脑"一词，用语幽默，寓庄于谐，而且一语双关，既可以指头部，又可以指理发者，在一定程度上"提升"了顾客的身份。顾客听了，怎能不高兴？"进门苍头秀士，出门白面书生"之语，既有比喻，又有对比，可谓妙语佳句，而且用语诙谐幽默。顾客听了自然开怀一笑，欣喜而去。

4. **打圆场还需要理解双方的心情，并找出各方的差异，然后肯定各方的优势，最后再给予调侃**。注意不偏不倚，要让双方感觉到情真意切，这样才能收到好的效果。

在现实生活中，需要打圆场的地方有很多，有时需要为自己的过失打圆场，有时需要为他人的争吵打圆场，有时需要为他人的尴尬打圆场。掌握了打圆场的技巧就能有效化解矛盾，平息争吵，避免发生不愉快的事情，创造愉快和谐的人际关系。

好感话术

 我觉得公司的方向有问题，咱们的产品应该有自己的独特性，这是关乎未来发展的大问题。

什么？你的意思是说，不听你的，公司就发展不了了？

 余总别生气，他这不也是为公司着想吗？这么说肯定有他的道理。@小赵，把你的具体方案做成ppt给老板过目，不要空口说大话。下次记得，要拿着方案来提意见！

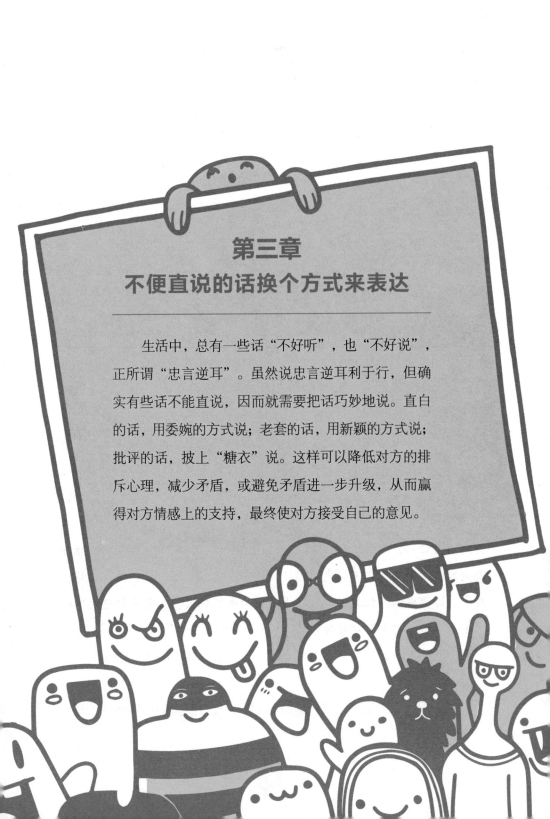

第三章
不便直说的话换个方式来表达

生活中，总有一些话"不好听"，也"不好说"，正所谓"忠言逆耳"。虽然说忠言逆耳利于行，但确实有些话不能直说，因而就需要把话巧妙地说。直白的话，用委婉的方式说；老套的话，用新颖的方式说；批评的话，披上"糖衣"说。这样可以降低对方的排斥心理，减少矛盾，或避免矛盾进一步升级，从而赢得对方情感上的支持，最终使对方接受自己的意见。

直话曲说，既不会伤人又不会伤己

很多时候，直言不讳确实不可取，常常既伤人又伤己，将直白的话迂回表达才是聪明之举，也才是说话王道。

迂回表达更有说服力

魏国强大以后，魏王想兴兵攻打赵国国都邯郸。魏国大臣季梁知道此事后，连忙结束旅途，返回魏都，请求面见魏王。

见到魏王后，季梁对魏王说："大王，在返回国都途中，我遇到一个男子。他正赶着车向北走。他告诉我，他要到楚国去。我告诉他，楚国在南边，应该往南走。他却说'我的马是日行千里的好马'。我说'可你的方向错了'。他又说'我的御夫技术高超'。我说'你的御夫技术高超，可你的方向错了'。他又说'我带够了旅费'。我生气地告诉他：'尽管你的马是好马，你的御夫技术高超，你的旅费够多，但楚国在南，你却向北走。方向错了，岂不越走越远！'大王，我国刚刚由弱转强，您想扩大疆土，远播威名，但赵国并非弱小，实力也很强大，如果我们进攻不利，岂不是和那个想去南方却向北走的男子一样的下场。"

魏王若有所悟，陷入沉思中，最终打消了兴兵攻伐赵国的想法。

实际上，季梁本可以直白地向魏王陈述攻打赵国的种种弊端，但是他却没有这样做，而是采取了讲故事的方式迂回表达自己的意见，让魏王在类比中发现问题，权衡利弊，最终得出答案。显然，就所带来的效应而言，后面的方式要好过前面的方式。

哪些场合需要迂回表达？

卡耐基在他的《人性的弱点》一书中提出，每个人都有与他人意见不相符的时候，每个人也都有强烈的自尊心和面子观念。所以，当你用直白的方式对他人意见表示反对时，尽管你的口气和神态很温和，对方都会觉得你不给他面子，伤害了他的自尊，从而对你产生抵触心理，尽管你的话可能有道理，但他很可能不会接受，并可能做出反击。因此，迂回表达你的想法和意见才是可取的。

关系比较敏感的婆媳之间、恋人之间，如果直话直说，很多时候会带来不快或产生误解，造成矛盾，于是只能根据情况兜圈子说，迂回表达，就避免了尴尬情形的发生，减少了矛盾。

我国素讲礼仪，在对长辈、上级，或者外宾说话时，要讲究方式、分寸，不宜直来直去地表述，最好委婉地表达，努力制造出既能达到目的，又能体现本身素质的双好局面。

另外，一些话若直接挑明，对方肯定会一时难以接受。这种情况下，可暂时不说结论性话语，而是从相关的事情、事物说起，循循善诱，步步引导，等要想达到的目的水到渠成时，再说出最初想要表达的，这时对方多半会愉快接受。

总之，在不宜直白表述的时候，要学会"兜圈子"说话，迂回表达自己的想法，争取达到不伤人不伤己，又能圆满解决问题的美好局面。

好感话术

 您写的这篇评论余华作品的文章真是太精彩了！世上真正读懂他作品的人只有两个，其中一个就是您，而另一个……

那一定是余华本人了！

 呃……

为批评披上"糖衣"，让良药不再苦口

相信绝大多数人都不喜欢接受批评，特别是生硬的批评。生硬的批评会让对方感到伤害了自己的自尊，这种情况下，他多半不会考虑你的批评正确与否，而是拿起"武器"与你斗争。

生硬的批评容易造成对立

一位法律系的高才生从名牌大学毕业后，顺利考取了律师证，在一家律师事务所工作。一次，他踌躇满志地代表被告在法庭上做无罪辩护。辩论中，法官刚说了一句："海事法的追诉期限是6年，所以根据这项规定……"话刚说到这儿，年轻的律师就迫不及待地打断了他的话："停，法官大人，我想您是搞错了，海事法根本就没有追诉期限。"

实际上，这名年轻的律师说得对，海事法是没有追诉期限的，法官不知道出于什么原因说错了。年轻律师自诩对法律条文烂熟于心，见有机会表现自己的才华，岂肯错过。但是这么一说，却把法官推向了十分尴尬的境地。

法庭上一时间一片静寂，法官已经意识到自己犯了一个常识性的错误，但话已出口，又有个"不识时务"的律师当庭指出了自己的错误，他不知道该如何收场，只好尴尬地坐在那里。最后，法官只好站起身来向众人承认自己说错了。

从此以后，这名年轻律师发现这个法官处处和自己作对，总是在有意无意刁难自己，他不禁纳闷起来："为什么他对别人都和蔼可亲，而对我却处处为难呢？"

其实里面的原因很简单，这一切都源于当初年轻律师对法官的当庭"批评"，就是那次不留情面的批评，让法官记住了这个年轻律师，从此之后，处处给年轻律师"穿小鞋"。

委婉的批评更容易让人接受

人们之所以不愿意接受批评，一定原因就是批评的话不好听，有伤自尊，让人下不来台。如果给批评这粒"苦药"披上一层"糖衣"，使良药不再苦口，那么人们就愿意接受了。

柯立芝总统对自己的女秘书说："你的这件衣服很漂亮，穿在你身上让你更迷人，你真是个漂亮的姑娘。假如你打印的文件能注意一下标点符号，就可以使你打印的文件像你一样迷人。"

聪明的女秘书马上领会了总统的言外之意，不过总统夸她在前，这使她非常乐意接受总统的批评，乐呵呵地重新打印去了。

美国的柯立芝总统可以说是个很懂得批评艺术的领导，他将批评寓于夸奖之中，使下属愉快地接受批评。

在日常生活中，批评是难免的，工作中更是经常发生。当需要批评别人的时候，一定要尽量采用一种更能为人所接受的方式，最好给批评披上一层"糖衣"，让对方在甜蜜中接受教育。这样既达到了批评的目的，又不伤和气，甚至会让对方感激你，何乐而不为？

好感话术

 你最近确实进步很快，如果能再抓住课后复习环节的话，相信成绩一定会更好。

老师，我明白了，我一定好好复习，课后不会贪玩了……

理由越充分，拒绝就越容易被接受

　　拒绝的话通常很难说出口，特别是拒绝亲戚朋友的请求，很多时候更是难以说出口。如果自己有能力去帮忙，又有必要帮忙，那自然无话可说，助人为乐的事何乐而不为？但有些时候，他人的请求超出了自己的能力范围，或者由于其他原因的限制，帮忙不现实，也不理智，这个时候拒绝是避免不了的，同时也是理所应当的。

　　有些人担心拒绝帮忙会伤害到对方的自尊心，会影响到彼此的关系，因此很难将"我办不到""我帮不了你""抱歉，我无能为力"之类拒绝的话说出口。或者，不顾实际情况，满口答应对方帮忙，结果不仅忙没有帮上（有的还帮了倒忙），还使自己的利益受损，原先好的关系可能也受到了影响，可谓大大的得不偿失。因此，一定要学会将拒绝说出口。

拒绝要有理有据，摆明自己的难处

　　拒绝不要生硬地说出口，比如说："这件事情你自己完全能办到，何必麻烦我呢？我不会帮忙的"；"我没有闲钱借给你，我经济也很紧张"；"我们都挣一样多的钱，为什么你要向我借钱，你缺钱，我也缺钱，所以，我没有钱借给你"。如果这样说的话，对方肯定会不满意，甚至会恼羞成怒："难道你这辈子就没求过人，不借就不借呗，怎么这样挖苦我！有什么了不起的！"

可见拒绝不是那么简单的，如何做到既达到了拒绝的目的，又让拒绝不会影响到彼此良好的关系呢？最现实的一个办法就是巧妙摆明自己的难处，让对方了解情况。如果对方通情达理，自然也就会体谅你。

一家大型国有集团公司经营范围包括房地产开发、远洋物流、药品研制生产、循环水再利用技术研究等，由于市场变化，集团一些业务开始以承包的方式和外界进行合作。魏强接管了集团的药品研制生产部门，成立了分公司。分公司自负盈亏，但要接受总公司的管理。

魏强把握市场脉搏顺应市场需求，带领部门工作人员研制生产出一系列适合市场需求的药品，使分公司经济效益在短短的几年迅速提高上来。

分公司的火热让很多人都眼热，纷纷想办法加入进来。一天，总公司的一个领导给魏强打来电话，电话中，这个领导向魏强推荐一个人。魏强没有多想，就让那个领导带着那个人来面试。面试之后，魏强发现那个人不适合公司。这下魏强为难了，拒绝吧，是总公司领导推荐来的，而且这个领导以前还是自己的顶头上司，对自己有很多帮助。接收吧，又不适合。

想了一会儿，魏强有了主意，他带着老领导和那个求职者参观了公司的各个部门，又讲解了公司的规章制度，随后，魏强向老领导汇报了分公司这几年的发展情况和今年要完成的承包指标。

介绍完之后，魏强诚挚地对老领导说："老领导，分公司前几年在您和总公司其他领导的指导下，发展很快，取得了很好的经济效益。公司上下一直非常感谢您的支持和指点。今年，我们在您的指示下修订和完善了管理制度，这对于我们完成今年承包目标有着巨大的助益。市场竞争越来越激烈，我们的对手也越来越强大，我们希望您能继续一如既往地支持我们，我们也更有信心渡过难关。您介绍来的这位求职者，所学专业不对口，对相关业务不熟悉，我认为他暂时不合适公司，如果加入进来，我担心会影响公司业绩，同时也不符合公司的用人制度。这样，老领导，等有合适岗位的时候，再让他进来，您看如何？"

老领导听魏强这么一说，微微点头，同意了魏强的要求。

沟通中，魏强在肯定、恭维老领导的成绩时，巧妙摆明了公司的难处。作为工作多年的领导，这种情况下，自然明白其中的道理，所以也不好再强求了，问题就得到了很好的解决。

拒绝要指明出路，不要让人太失望

在摆明难处的同时，如果再能给对方指明一条出路，则更能让对方理解你，甚至感激你。

例如，出版社编辑人员通常会收到大量作者来稿，对这些来稿，编辑人员感到很头痛，因为不管稿件的质量如何，都是作者的心血，处理不好会伤害作者感情。因此对那些退稿，不能简单地对作者说"写作水平不够""没有出版价值"之类的话。

那要如何说才妥当呢？这时可以说"您的稿子与我社出版的方向不一致，由于我社出版能力有限，现阶段还不能出版您这类稿子，望您谅解。根据您的稿子的类型，您可以往这个社投稿……"

这样一方面说明了自己不能出版的原因，另一方面又给作者指明了出版方向。相信作者一定会理解你的做法，甚至会感激你为他着想。

拒绝他人是容易破坏感情的一件事，处理不好，极可能破坏原有的良好关系，因此一定要重视起来。在拒绝的时候，要适时地说明自身难处，让拒绝的理由充分而恰当，对方就会理解你的处境，谅解你的拒绝行为。

好感话术

 周末一起去郊游吗？

抱歉，这次又要让你失望了。我答应了闺蜜要陪她一起购物，我们周三就约好了。你肯定也不想让我违背诺言吧！

道歉有窍门，别人想不原谅你都难

生活中，每个人都会犯错误，道歉也就成了很平常的事情，但有时候道歉并不像人们想象中那样，只说声"对不起"就可以了。当你不小心碰到了别人或者给他人带来些许不便，说声"对不起"可能很合适，但有些时候，情况很复杂，说声"对不起"就显得有些苍白无力。这个时候需要更有效的道歉，才能使对方感受到你的歉意。

"负荆请罪"的故事众所周知，知错认错的廉颇如果仅仅对蔺相如说声"对不起"，则显得不够诚意，也很难获得蔺相如的原谅。廉颇显然知道这一点，所以想出了"负荆请罪"的道歉奇招，最终获得了蔺相如的原谅。

道歉有窍门，掌握并运用好道歉的窍门，可以让道歉更有力，更深入人心，更能打动对方，那道歉有哪些窍门呢？

道歉一定要让对方看到你的真心

做错了，不要以为说声"对不起"就可以敷衍过去，事实上每个人都能看出你是否拿出了真心。如果你迟到，说句"我对于耽误您宝贵的时间而真诚向您道歉"，要比说"我忘记打电话告诉你我要迟到了"更能让对方接受。看下面这个例子：

路边一个快餐店中，一个客人正在吃饭，吃了几口后，突然往桌子上吐出几粒生米。店老板看见后，很不好意思地说："真对不起，今天着急，煮饭时间有些短，饭有些夹生，您是不是吃了很多生米？"

这个客人本想发脾气，听店老板这么一说，笑了，说："没事，也不是很多，也有很多熟米。"店老板一听也笑了。后来这个客人经常来这个店里吃饭，他觉得店老板是个实在人。

这个店老板是够实在的，这可以从他问客人"是不是吃了很多生米"中看得出来，正是由于这种实在，让这个客人不好意思发脾气，事情也就过去了。

明明在向对方道歉，却偏偏要找出一大堆借口，尽管有些时候真的是事出有因。如果确实有解释的必要，也要先真诚地道歉之后，再做解释。如果找出种种借口狡辩，甚至故作清高，拿一些冠冕堂皇的理由搪塞，则很难获得对方的谅解。

道歉不能将问题集中于对方

如"我很抱歉，没想到你竟会对这件事有这么大的反应"或者"我很抱歉，看来你并不十分愿意跟我在一起"，此类的道歉会让人感觉像是在为自己推卸责任。道歉要集中于自己所犯的错误或是失误。

道歉要有着重

有些错误是有补救机会的，但是在道歉时还是要先着重于自己先前所犯下的错误，注意不要以此为理由为自己开脱，然后再从所能做到的开始弥补。比如，"我会告诉他我所犯下的错误，然后再和他商量补救措施。""我已经就所犯下的过失作了深刻的检讨，并重新制定了一个补救措失以挽回损失。"

有些错误犯下了很难挽回，这个时候的道歉要着重于确保以后不再犯类似错误，如，"我对这次我所犯下的错误作了深刻反省，您能否帮我想一想有什么措施可以确保我以后不再犯类似错误？""对于这次失误，我深感抱歉，不知还能做些什么来改善现在的状况？"真诚的态度加上恳切的言辞往往让对方接受了你的道歉。

道歉要及时

心理学研究表明，做错事后过急或太迟道歉，效果都不是最佳。最佳的道歉时间是在犯错误后的 10 分钟至 2 天之内。

道歉要选对场合

一般情况下，如果所犯的错误对工作造成了一定的影响，那么比较适合在会议室这样的公开场合道歉。而如果给某个人造成伤害或者带来不便，宜私下里进行道歉，可以通过电话或电子邮件的方式进行沟通。

给对方发泄不满的机会

不要光顾着道歉，要给对方说出对你不满的机会。只有让对方将不满的情绪发泄出来，对方才能更容易接受你的道歉。

总之，掌握好道歉的学问，并恰当运用，才可以最大程度让对方接受你的道歉，进一步帮助你打破交际障碍，让你的交际如鱼得水，左右逢源。

好感话术

对不起，亲爱的，都是我不好，忘记了我们的百日纪念。给我个弥补的机会，让我为你补办一场"爱你的101日"纪念，不要生我的气了，好不好？

算你识相。不过不用铺张浪费，只要你心里有我就足够了。

不想继续聊，逐客令也能充满人情味

朋友来拜访，是人生的一大乐事，正所谓"有朋自远方来，不亦乐乎"，宾主双方或者促膝交谈，或者推杯换盏，其乐融融。但有些时候，来人拜访有些"不合时宜"，比如，你正想外出办事，邻居过来聊天，或者同事不约而至，来找你畅谈。

还有，晚饭后，你想静静看一本一直想看却一直没看成的书，附近住的一位朋友过来跟你侃大山、聊江湖。在这种情况下，心不在焉的你强打精神，勉强敷衍，几次想下逐客令，但又怕伤了感情，只好故作笑脸，舍命陪君子。

确实，逐客令不好"下"，"下"得好自然皆大欢喜，但要是"下"得不好，极容易得罪人，使对方恼怒，拂袖而去，可能从此和你老死不相往来，事情不可谓之"小"，因此一定要重视起来，掌握好"下"逐客令的方法。

但如何才能下好逐客令，让逐客令听起来也很美妙，达到既送走了客人，又使客人满意的目的？可以参考以下几种方法。

暗示法

晚饭后，几个年轻人去拜访一位知名老教授，宾主相谈甚欢。老教授接着年轻人的话题说："你们所提的问题很好，很值得研究，明天我去A

市参加一个学术会，把你们所提的问题在大会上提出来，让与会专家共同研讨一下。"

几个年轻人听了，立刻起身告辞，连连说："不知道您明天要出差，耽误您休息了，真是不好意思！抱歉！抱歉！"

老教授明天要出差，想早点休息，但又不好直白地下逐客令，于是借着对方话题暗示辞客之意，这样既不伤情面，又达到了目的，可谓巧妙。

超规格招待法

这种方法适用于对待不太熟悉却又喜欢闲聊的来访者。客人进门，笑脸相迎，然后恭敬让座，沏热茶，上水果，上点心，言辞周到礼貌，态度毕恭毕敬，少说话多倾听，总之将对方当作是一位"贵宾"来招待。

这种情况下，对方多不能久待，极有可能聊几句便告辞，因为你太热情了，这让他有些受不了，而且以后也不敢贸然前来。

以攻代守法

这种方法很是"另类"，也很是巧妙，它以主动出击改变了被动的局面。看下面这个例子：

魏凡是一名文艺爱好者，最大的喜好就是读书、写作。下班吃过晚饭后喜欢静静地一个人伏案写一写感悟、心得。魏凡的邻居老贾是一个闲居在家的企业退休人员。无聊的他，每每见到魏凡下班回家，吃过晚饭后就来找魏凡闲聊。

开始的时候，魏凡出于礼貌，只要老贾过来，就放下笔，热情招待，陪对方天南海北地神聊。可是天天如此，魏凡就痛惜自己的时间了，他不愿自己的大好时间都浪费在闲聊上。

于是，一天，当老贾再一次过来找魏凡闲聊时，魏凡赶紧拿出准备好的一篇文章，说："贾哥，这是我新写的一篇论人生的哲学论文，您给看看，一定要多多指正，我还指望它能获奖呢！它后面还有好几篇类似文章，都请您多多指点。"

老贾哪懂这个，于是只好连连说："这个，这个我不懂，真不懂，你还是自己研究研究吧！"说完，匆忙告辞离开。

魏凡主动出击，给对方制造难题，以攻代守，使自己由被动变成了主动，让事情得到了根本性扭转。

反主为客法

还有一种有效的方法，就是在你知道对方会在某个时间来造访你之前的一刻前去造访对方，这样你就由主人变成了客人，变被动为主动，而对方则由客人变成了主人，由主动变为被动。

这种情况下，你就掌握了交谈时间的主动权，简单聊聊之后，你便可以告辞，而由于双方已经交谈过，对方也就不好再去你那儿造访了。久而久之，他原本经常去你家闲聊的"习惯"就会因此而改变，而你也就不再受此干扰了。

总之，逐客令一定要下得巧妙，才能达到既能达成目的，又不伤人的圆满结局。

好感话术

 其实我今天找你来，是想……

停停停！今天只喝酒，不谈公事……有朋自远方来……虽远必诛！啊不，是……不亦乐乎。来来来，今天不醉不归！

 呃……实在是不能再喝了，你也喝了不少，早些休息吧！我们改天再详谈。

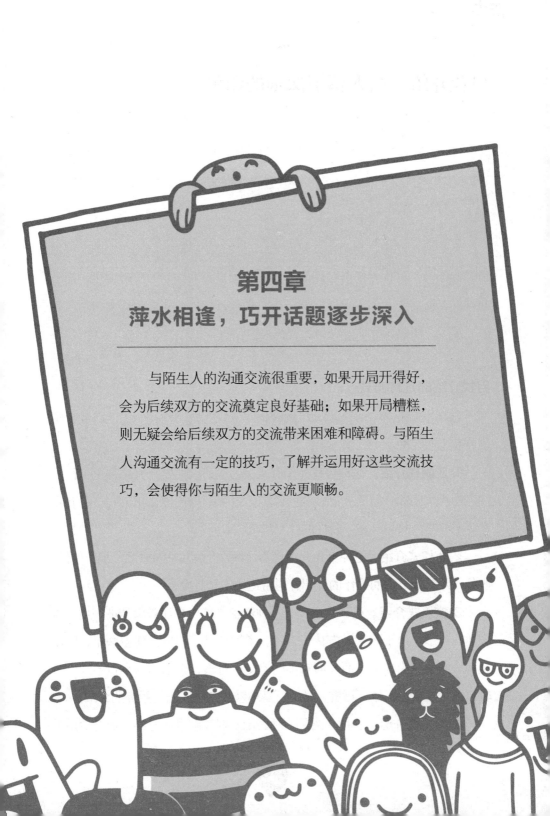

第四章
萍水相逢，巧开话题逐步深入

与陌生人的沟通交流很重要，如果开局开得好，会为后续双方的交流奠定良好基础；如果开局糟糕，则无疑会给后续双方的交流带来困难和障碍。与陌生人沟通交流有一定的技巧，了解并运用好这些交流技巧，会使得你与陌生人的交流更顺畅。

自我介绍，给人留下深刻的印象

在社会活动中，与陌生人见面时，自我介绍往往是必不可少的。根据情况的不同，自我介绍有时候简单介绍一下自己的姓名、身份即可，而有的时候，则需要介绍得稍微详细一些。稍微详细的自我介绍通常包括对姓名、年龄、职业、住址、经历、特长等的介绍。

自我介绍的几种方式

根据不同的场合、环境，自我介绍的方式有所不同，常见的自我介绍主要有下面几种。

1. 应酬式介绍。这种自我介绍方式最为简洁，通常只介绍一下自己的姓名即可，比如，"大家好，我叫陈静，很荣幸与各位认识。"这种介绍适合于一些公共场合和一般性的社交场合。

2. 工作式介绍。这种自我介绍较为详细，一般包括对姓名、工作单位、职务以及具体负责的工作的介绍，通常适用于私人聚会。

3. 交流式介绍。这种介绍属于一种刻意寻求与交往对象作进一步交流沟通的介绍。由于希望对方认识自己、了解自己，与自己建立联系，所以这种介绍要较为详细，而且面对不同的交往对象，介绍的内容也不同，一般包括对姓名、工作、籍贯、学历、兴趣以及某些人的关系等的介绍。

4. 礼仪式介绍。这种介绍是一种表示友好、敬意的介绍，通常适用于报告、演出、庆典等场合，一般包括对姓名、单位、职务的介绍。介绍时，最好还要使用一些敬辞、谦辞，以示对他人的尊重。

自我介绍的注意事项

恰到好处的自我介绍会给别人留下深刻印象，有助于人际关系的拓展，一般来说，恰到好处的自我介绍要做到下面几点。

1. **真诚自然**。自我介绍时，要面带微笑，真诚自然，态度平和，不卑不亢，落落大方。声音要干脆清晰，不宜吞吞吐吐，模糊不清。语气要自然，语速要正常。

2. **繁简适宜**。自我介绍的繁简要视具体情况而定。通常来说，参与一般的聚会、演讲，偶尔会面，只作简单的介绍即可。但是如果在求职、恋爱、招标投标，欲建立深层次关系时，都要作较为详细的介绍，以便进一步的交流。

3. **时间适宜**。自我介绍要控制好时间，要力求简洁。一般性介绍，通常以半分钟左右为宜，最好不要超过一分钟。另外，还要注意，选择介绍的时间应当适合，最好选择对方有兴趣、有空闲的时间进行。

4. **介绍适当**。自我介绍时，要把握好分寸，不能言过其实，更不要夸夸其谈。左一个"我怎么样"，右一个"我怎么样"，自吹自擂，很让人反感。还要注意的是，忌用"很""最""第一"等有夸耀嫌疑的字眼。这种自我介绍只能给人留下骄傲自大、浅薄无知的印象。

5. **逻辑合理**。自我介绍一定要注意逻辑要合理，万万不可颠三倒四，前后矛盾，破绽百出，让人一听就揣测出你没有多深的文化素质。

6. **巧妙介绍**。自我介绍的一个很重要的目的是希望别人记住自己，而要想做到这一点，就要想方设法巧妙介绍自己，这样会给人留下深刻印象，让别人记住你。

自我介绍首先要介绍自己的名字，为了让别人记住你的名字，可以在姓和名之间加以巧妙的注释，这样不仅能让对方很快记住你的姓名，还能体现你的文化素养和口才水平，如你的名字是李安，你就可以这样介绍："大家好，我叫李安，'李'是唐太宗李世民的'李'，'安'是定国安邦的'安'，父母给我起这个名字，就是希望我像李世民那样成为一个定国安邦的大人物。"这样一说，李安的名字就很容易被记住了。

还可以借助介绍自身特点来加深大家的印象，比如这样介绍自己："大家好，我叫袁凤东，我来自辽宁省抚顺市新宾满族自治县，这里是努尔哈赤起兵的地方，我的祖先是镶黄旗的贵族……"

这样的介绍就突出了自身的特点，仅凭努尔哈赤、起兵、镶黄旗这几个词就足以让人记忆深刻了。

好感话术

 大家好，我叫李思琪，负责新媒体运营，很荣幸加入这个大家庭。作为一个女生，我最大的特点是不羁放纵爱自由，所以希望大家等熟了以后还会觉得我是个女的。

初次接触，如何让人一见如故

一名男子向公司一家合作单位的相关工作人员请教一些关于进出口贸易的问题。虽然两个人所在的公司之间有业务上的往来，但两人却是第一次打交道。看看这名男子是如何达到目的的。下面是这名男子与这位女工作人员之间的对话：

男：您晚上有时间吗？我想向您请教一些问题。

女：下班后还要去拜访客户，下午要做些准备，而且我的心情也不是很好。

男：哦，拜访客户安排到下班后，这事是有些让人闹心。

女：嗯，是这样。但不过事情很简单，也不是非得要今天晚上。

男：这样，那就好办了，你打个电话解决一下不就可以了吗？

女：是啊，我怎么没想到呢？那我就打个电话吧。其实，不打这个电话也是可以的。对，不打也是没有问题的。

男：如果真的没关系，那我们先把我们的事解决一下，如何？

女：好的，没问题。奇怪，我的心情不像刚才那样糟糕了。

最终男子从这位女士那儿得到了他想知道的问题的答案。

初次接触，男子顺应对方的语气进行谈话，巧妙取得了对方信任，最终成功达到了目的，这是他颇有技巧性谈话的功劳。

陌生人之间的初次接触很关键，处理得好，会缩短彼此的心理距离，让彼此关系由陌生变得亲近，为以后的交谈沟通或者合作奠定良好的情感基础。但是，如果处理得不好，很可能使彼此的关系止步，甚至有可能导致关系恶化。

初次接触，如何处理好关系，才能引起对方的好感，进而让彼此的关系从陌生变得亲近呢？这里面有很多的讲究。

首先，和陌生人的接触一定要有礼貌、有热情

对陌生人来说，第一印象往往决定了有没有继续交往下去的必要。所以我们一定要将自己礼貌、热情的一面展现给对方，这样，才能在第一次见面时就给对方留下好印象。

有一家大公司的董事长特别得人心，公司里一千多号员工，人人都尊敬他。这和他的为人处世热情周到有很大关系。

一次，他到公司里的时候，迎面撞到一位保洁人员。这保洁才二十岁的样子，刚来不久，做事情有点毛手毛脚的。他一抬头看到是董事长，心里一慌，就退后一步，碰到了污水桶。他更紧张了，一个踉跄，自己摔了一跤，还撞翻了污水桶。董事长的裤子上有了一些污水点。董事长并不在意，而是忙赶过去扶他起来："小伙子，没事吧？"

这小伙子因为害怕得罪董事长被辞职，眼睛里不禁有了泪水。董事长看出了他的心思，就亲切地同他交谈，安慰他。其间，还说道："你真是挺辛苦的，令尊还好吧！"小伙子更是热泪盈眶。

后来，董事长的助理问他："你是不是以前认识这个新来的小伙子？"董事长说："我也是第一次见到他，但是问候一下他的家人大概就能使他得到宽慰吧！"

董事长对手下员工这种热情周到的关切和问候，让他得到了员工们的认同，为他赢得了好人缘，使得公司上上下下的工作劲头也被激发出来了。

其次，要尽可能多谈与对方有关的事情

人都习惯关心自己，如果在接触中，能够适时表现出对对方的关注，多为对方着想，尽可能多谈与对方有关的事情，则会令对方愉悦，进而拉近彼此的距离。

一次，宋茜到县民政局办理转账。那天办理此项事务的人很多，民政局的年轻女出纳员行笔如飞，填完这个表，又填那个表，忙个不停。在给宋茜填支票时，宋茜边看边称赞："你的字写得真不错，不但漂亮，而且速度又很快。"

年轻女出纳有些吃惊，脸颊红红的，随后谦虚道："哪里，哪里，还差得远呢。"

宋茜说："真的不错，是不是以前专门练过？"女出纳笑着点了点头。随后宋茜又真心赞赏了几句。

这次交流给双方留下了很好的印象，后来宋茜和这位女出纳成了非常要好的朋友。

最后，要学会灵活、巧妙地处理事情

处理事情没有一定的准则，凡事要学会灵活巧妙地处理，这样才能取得良好的效果。

在拥挤的公共汽车上，一个小伙子不小心踩了一位姑娘的脚。姑娘很痛，显得很生气。

小伙子急忙道歉："对不起，对不起，我不是故意的。"姑娘没有说话，但脸上的神情显示还在生气。小伙子见状，将脚向前伸了伸，认真地说："要不你也踩我一下，解解气！"

姑娘被小伙子的幽默逗乐了，低头笑了起来。随后，两人还你一言我一语地交谈了起来。

小伙子采用幽默的方法逗乐了姑娘，化解了矛盾，并借此打开话题，让彼此的关系由对立向熟悉转化。

好感话术

 抱歉，让你久等了。我刚来北方不久，对这里还不太熟悉。

 哦？你也是南方人？哪个城市的？这边有没有朋友照应？

没话找话，搭讪也可以轻松自然

有一些人害怕与陌生人接触，是因为他们不知道怎样开口，也不知道应该如何才能将话说好，总之，这些人不知道如何跟陌生人开好话头。

实际上开好话头没有那么难，只要细心揣摩，掌握一定的语言技巧，再加上诚恳的态度，就会让你的话头受到对方欢迎，从而畅谈下去。

通常可以通过下面几种方式开好与陌生人的话头，并让其受到欢迎。

攀认法

初次见面，如果你事先知道和对方有某种关系，你就可以根据情况攀认，尽快熟络起来。比如说"我和你姐姐是同班同学"，或者"我们的父辈曾在一个单位工作过"，或者"咱们毕业于同一所学校"等，这样短短的一句话，就可以缩短你们之间的距离，让你们亲近起来。

利用这种方式开场，需要你事先通过各种渠道了解和要见面的人能"搭"上什么关系，或者在对方的介绍中，留意对方是否与自己有什么共同之处，努力"搭"上关系。

里根总统来我国友好访问，在复旦大学演讲时，面对一百多位从未谋面的学生，他讲道："其实，我与你们学校有着密切的关系，你们的校长和我的夫人南希是美国史密斯学院的校友，这样看来，我们都是朋友了。"

话一说完，全场掌声雷动。

如果实在找不出彼此之间有什么共同之处，也可以投石问路，就是向对方提出一些问题，然后再从中找到关系，在略有了解后再有目的地交谈，便能谈得更自如。比如在聚会时见到陌生的邻座，可以询问："你和主人是同事，还是老乡？"然后循着对方的回答交谈下去。

恭维法

初次见面，如果对方是知名人士，有一定的知名度，你就可以以恭维对方的方式开场，如"马总，早就听闻过您创业的传奇经历，十分敬仰！"或者"李老，您为咱们市所做的贡献业内皆知，您的行为真是令人敬佩！"

需要注意，采用这种方式时一定要掌握好分寸，不能胡乱吹捧，不宜言过其实，少说如雷贯耳、鼎鼎大名、久仰大名的空话和套话。同时，恭维的内容要因人因时因地而异，要恰到好处，让人听了感觉自然，不虚伪。

恭维过后，就可以视具体情况与对方交谈起来，最常用的方式之一是就对方曾经的辉煌提出问题，诱使对方回答。

引出法

我们可以借用当时环境的人物、事件、场景以及其他一些材料为题，引发交谈。比如可以借助对方的姓名、籍贯、工作、服饰等，即兴引出话题。也可以选择众人都很关心的事件作为话题，引发交谈。

这类话题通常比较大众，很多人都愿意说上几句，也都能说上几句，正因为如此，这类话题常常取得很好的效果。比如，你看对方穿着一件真丝短袖，你就可以问："您的这身衣服真漂亮，是真丝的吗？好光滑呀！"

循趣法

我们可以找到陌生人的兴趣爱好，然后循趣交谈。如对方是个军事迷，便可以以此为话题，展开讨论。如果你对军事也感兴趣，而且平时也积累了一些军事知识，那么肯定可以谈得很投机。即使没有这方面的知识，也可以耐心倾听，适时提问，让交谈在友好和谐的气氛中进行下去。

比如你知道对方是象棋爱好者，你就可以问："知道您喜欢下棋，正巧我也喜欢下棋，但我水平不高，想向您请教一个残棋的解法，您看红方有……"这样，话题自然就打开了。

好感话术

 我在家很宅，平时不怎么出门。

 那你一定很喜欢看剧吧！喜欢看哪种？有没有值得推荐的？

打破僵局，从尴尬的场面中突围

在与陌生人的交往中，由于各种原因，很容易产生僵局，致使气氛尴尬，这种情况下，就要根据实际情况灵活变通，以打破僵局，化解尴尬。

靠第三方打圆场

打圆场是一种很常见且很有效的打破僵局的方法，它是从善意的角度出发，以特定的话语去缓和紧张气氛、调节人际关系的一种语言行为，在日常生活中有着积极且重要的意义。

一次，一位老诗人和一位青年女作家应约访问美国。闲暇之余，两人在一个博物馆广场上散步。恰好广场上有两位美国老人也在散步，见有中国人，他们很热情地走了过来。

为了表达对中国人的友好，其中一位老人热情地拥抱了青年女作家，并亲吻了一下。

青年女作家感到十分尴尬，愣愣地站在那儿，不知如何是好。

另一个美国老人埋怨刚才拥抱女作家的那个老人："中国人不习惯这个礼节，你太唐突了。"那个拥抱女作家的老人一听很吃惊，随即像犯了什么错误似的呆立一边。

老诗人见状，急忙上前说道："尊敬的先生，我知道您刚才代表的是美国，您吻的也不仅仅是这名女作家，而是中国，对吗？"

那名拥抱过女作家的美国老人急忙说："对，对，我亲吻的是中国。呵呵，中国！"说完，几个人哈哈大笑起来。

刚才尴尬的气氛随着这爽朗的笑声"烟消云散"了。

巧借题外话迂回前进

有时候，僵局产生时，没有第三方打圆场，这种情况下，就需要其中一方根据实际情况，采取特殊办法打破僵局，自己给自己打圆场。

一次，足球评论员黄健翔想采访荷兰足球明星古利特。黄健翔刚与对方搭上话，对方就毫不客气地拒绝了他，致使谈话陷入了僵局。可是聪明的黄健翔却利用语言巧妙地打破了僵局，使采访顺利进行下去，下面是他们的对话：

古利特：对不起，我不接受记者采访。

黄健翔：您误会了，我这不是采访您。

古利特：那要做什么？

黄健翔：我只是想向您祝福。您看我手中这些厚厚的信件，都是喜欢您的球迷给您写的。想必他们都想给您祝福。

古利特：中国球迷真让人感动。

黄健翔：我可不可以代表喜欢您的中国球迷问您几个问题？

古利特：哦，好的，你问吧。

黄健翔是十分聪明的，面对古利特的"封门"，他没有硬碰硬，而是巧妙转移了话题，并用新话题引起对方的兴趣，使双方的对话得以在亲切温馨的气氛中进行。随后，他又巧妙地把话题重新引向了他最初的目的——采访。

这种说题外话、迂回前进的策略是打破僵局的一种行之有效的办法。题外话要话题丰富，不要拘泥于一种或几种固定的形式，要依据实际情况灵活变通，比如可以谈天气、明星、股票，还可以谈家事、趣闻、喜好等。要根据实际情况，适时切入。话题丰富的人，多半不会惧怕僵局，总会在各种环境下，找到合适的话题来打破僵局，让交谈不断向前发展。

好感话术

 哎呀，你最近晒黑了不少啊！

嗯，我故意的，因为我不想做个"肤浅"的人。

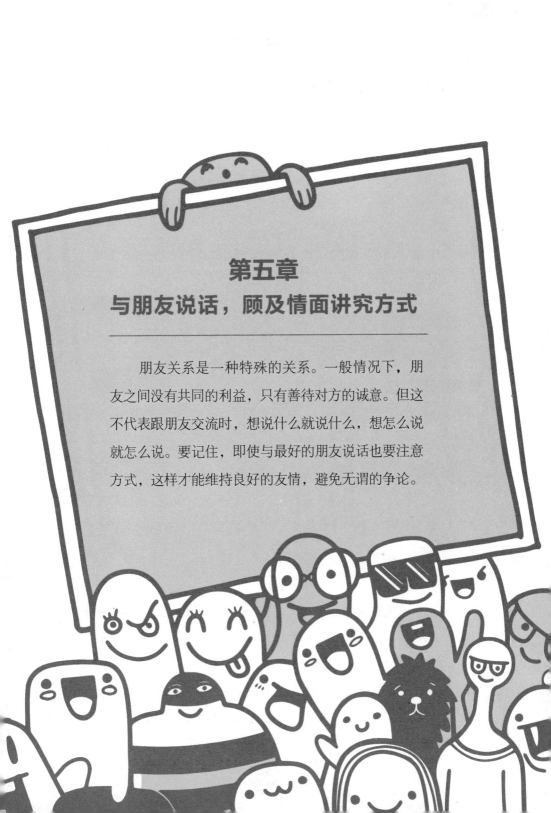

第五章
与朋友说话，顾及情面讲究方式

朋友关系是一种特殊的关系。一般情况下，朋友之间没有共同的利益，只有善待对方的诚意。但这不代表跟朋友交流时，想说什么就说什么，想怎么说就怎么说。要记住，即使与最好的朋友说话也要注意方式，这样才能维持良好的友情，避免无谓的争论。

赞美和鼓励会让友谊更深厚

朋友是人际关系中十分重要的交际对象，关于朋友，有许多富有诗意的赞誉，如：朋友是一本书，一本让你一生都读不完的书；朋友是一个港湾，一个可以让你的心灵得到休息的港湾；朋友是一束阳光，一束可以让你的生活充满温暖的阳光。

赞美和鼓励让关系更融洽

俗话说："朋友之间的好，是'两好'成'一好'。"所谓的"两好"，是指双方中的一方对另一方好，而另一方也对对方好。这样双方的"两好"就可以成全朋友"一好"了。

如何才能算是对朋友好呢？用语言给予适当的鼓励和赞美是众多方式中的一种。当众鼓励或称赞朋友，给朋友以肯定，会让朋友对生活、对未来更加有信心，也会促使你们的关系更加融洽。

两个志同道合的年轻人合伙开了一家花店，情况是：共同出资，共同经营，风险共担，利润共享。花店开业以来，每天人来人往，生意兴隆，十分热闹。

很多人当面称赞他们经营有道，其中一个年轻人说："多亏了小贾，我以前真不知道他有这么多的门道。他熟知店里每一品种的花，也知道如何打理它们，还知道它们适合送给什么人。另外，他还十分擅长策划，知道如何用花装点环境。总之，他是一位十分称职的花店店主，当然也是一位非常适合做朋友的人。"

面对朋友的夸奖，那一个年轻人显得有些激动和兴奋，他没有想到自己在朋友心中有这么高的地位。他没有对自己的朋友说什么，而是从那天以后，他学习更加努力，工作更加勤奋，掌握的知识也越来越丰富。花店的生意越来越红火，而两人的关系也越来越和谐。

一个聪明的人是不会抱怨和挖苦朋友的，他总是尽力发现朋友的长处，然后给予合适得体的夸奖，鼓励朋友更好地发展。

赞美比批评更受用

朋友之间有摩擦是十分正常的事，但不要为了一点小事就互相责备、抱怨，责备和抱怨只会让双方的怨气更大，不利于问题的解决。如果反其道而行之，以肯定和赞美代替批评，那将会产生什么样的结果呢？看看下面这个例子：

小雅和小静是相处多年的朋友，两人都供职于一家贸易公司。两人共同负责公司货物进出的登记和管理。小雅在业务部，而小静在行政部。

由于工作量很大，加之工作事项多，两人的账目经常对不上，为此两人常互相指责。时间长了，矛盾越来越大。一次，两人又产生了分歧，小静强忍住怒火，没有当面和小雅吵起来。等小雅走后，她对同一办公室另一同事说："麻烦你转告小雅，不要大声指责我了，我受不了她的坏脾气了，要是再这样的话，我就不理她了，所有的工作都由她来干好了。"

这个同事想了想说："好的，我会处理好此事的。"

等小雅再来到行政部找小静核对账目时，小静发现小雅变得和气、有礼多了，说话也不像以前那样呛人，简直判若两人。

小静感到非常奇怪，等小雅走后，她就问上次传话的那个同事："怎么回事？你是怎么说的？怎么有这么大的变化？"

这个同事笑着说："也没什么，我只不过对小雅说，很多同事都夸她办事稳重，有耐心，说话委婉好听，有极好的人缘，小静也经常这样讲。就这些，仅此而已。"

显然，是这个好心的同事的一段赞美之词让坏脾气的小雅变得温顺、有耐心起来。如果他如实转述小静的话，相信多半只能让坏脾气的小雅变得更加暴躁。

赞美比批评更容易改变一个人。法国哲学家罗西法考说："如果你想结下仇人，那你就要比你的朋友表现得更加出色，但是你若想获得友谊，那你就要让你的朋友表现得比你更出色。"

赞美和鼓励是让朋友更出色的秘诀，这正如一则古老的格言所说："一滴蜂蜜比一加仑胆汁，能捕到更多的苍蝇。"因此，在你的朋友做出积极举动的时候，一定要真心说出你的赞美之词，以体现其出色的一面。

好感话术

 你这口才真是越来越棒了！

近朱者赤，近墨者黑。还不都是受你熏陶吗？

与朋友说话要时时保持"同感"

朋友是志同道合的人，道同相谋。一定程度上讲，人们寻找朋友，很重要的原因之一就是为了获得这种情感上的"共鸣"。这也符合"物以类聚，人以群分"的说法。

实际上，人们也确实喜欢跟那些在看法、立场和价值观方面与自己差不多的人交往，久而久之，就成了朋友。当有一个朋友对你讲述一件事，并且表达他的感受和看法时，如果你对他表示你也有与他相似的感受或者想法，那么会有助于你们之间友谊的推进和加深。

同感有利于增进理解

孙峰因一个小失误失去了工作五年的岗位，接着交往三年的女朋友又向他提出了分手。他陷入了无尽的痛苦中，认为自己真是不幸。他向自己的老朋友刘彤倾诉痛苦："你知道吗？我先是丢了喜爱的工作，接着又要失去心爱的女友，怎么倒霉事都让我摊上了？我感觉生活没有了希望，未来充满了挫折和无尽的痛苦。我不想活了。"

"嗯，生活就是这样无情。"刘彤听完好朋友的倾诉后，这样说道，"生活对我也一样，之前我的公司破产倒闭了，妻子带着孩子又离开了我，那段时间，生活在我看来，就是黑暗的。我无比痛苦，我也想自杀。但是后来的情况有了改观，我也由此走出了那段阴霾的日子。"

接着，刘彤向孙峰讲起了那段日子以及后来发生的事情。孙峰一边听着，一边露出若有所思的神情。最后，孙峰对好朋友讲："我想我已经有了新看法，我不想自杀了。我要东山再起，努力争取失去的一切，而且还要好上加好。"

一般人的做法往往会使对方感觉更孤立，而不会听从建议，依旧会坚持原来的想法。在这里，刘彤没有像其他人一样立即劝告对方赶快放弃自杀这个愚蠢的念头，而是采取了一种给予朋友"同感"的理解。

给予"同感"的理解会让对方感觉你们"同病相怜"，至少认为你感同身受，从而在心里开始接纳你，也会认真倾听你的话。如果你的话真的打动了对方，对方多半会听从你的建议，至少情况会向有利的一方面发展。

"同感"意味着一种情感上的共鸣，是对对方所述说的认同。当对方述说完之后，你对他说："嗯，不错，我也是这么认为的。"或者："是的，的确如此！"仅仅是这样简单的一句话，就可以成功拉近你们的距离，并让你们的谈话愉快地进行下去。

保持同感的前提是为对方着想

要给予朋友"同感"的理解，就要站在对方的立场去看待和思考问题。只有这样，才能让对方真正感受到你的"同感"。

伍勒是一位资深音乐经理人，与很多世界级的音乐家和歌星打过交道。他曾是世界低音歌王佳利宾的经纪人。佳利宾很受宠，有很多歌迷喜欢他，这让他养成了任性的毛病。不过伍勒有办法对付他。

一次，佳利宾在演唱会前一天给伍勒打电话。电话中，他告诉伍勒，他得了重感冒，浑身不舒服，而且嗓子嘶哑，想取消明天的演唱会。

　　凭着对佳利宾的了解，伍勒知道对方的任性病又犯了。但是他没有说破，更没有说"不行"，因为那样一来，对方会更加坚持原来的主意。

　　伍勒放下电话，来到佳利宾下榻的宾馆，见到佳利宾，对他说："我的朋友，诚如你所说，你感冒很严重，真是不幸，我也为此感到很难受。你现在要做的是好好休息，不用再去想那演唱会，虽然你将会失去几千美元，但相对于你的身体，那些钱又算得了什么，好好休息吧！"

　　听了伍勒"同感"的话，佳利宾很受感动，他想了想对伍勒说道："这样吧，你晚上再过来一趟，我看看到时候我恢复得怎样。"

　　晚上的时候，伍勒又去见佳利宾，并向对方建议马上取消演唱会，好好休息。没想到佳利宾对他说道："我感觉自己好了许多，我想我可以参加演唱会了。"

　　伍勒还是主张取消演唱会，好好休息，但佳利宾向伍勒表示，他确实好得差不多了，参加演唱会完全没有问题。

　　实际上，伍勒当然知道对方的感冒一点儿关系都没有，只是他自己认为很严重而已。伍勒没有点破，相反却对对方的情况予以肯定，并表示了同情，让对方深受感动，最后"迫使"对方同意演出，至此，伍勒的"同感"策略获得了成功。

好感话术

 我觉得这间房子的卧室空间还是有点小，如果衣柜大一点的话就显得拥挤了。

不错，我也这样觉得，我还要给你买更多衣服呢！我们去看看下一间怎么样。

启发式提意见，朋友更愿意改

朋友是相互有一定了解的熟人，朋友之间虽然不陌生，但是也不是有什么话都可以肆意去说的，特别是对于那些还不太熟的朋友，更多时候，直话直说很不合适。

另外，在很多特殊情况下，直话直说也是很不合适的，比如有别人在场的时候，或是求助于人的时候，或是要求过分的时候。这些情况下，就要根据具体情况，采取不同的方式委婉表达。

什么是启发式的意见

委婉表达的好处，一方面，可以照顾到双方的颜面，以免招致一方的不满甚至是伤害；另一方面，可以如愿以偿达到自己想要达到的目标，因此堪称一箭双雕之法。

《宋史·寇准传》中记载了这样一个故事：

宋朝时，在成都当官的张咏听说寇准当上了宰相，就对自己的同僚说："寇准有奇才，可惜他的学问不够啊！"事实上，张咏的这句话是符合现实的，寇准确实有治国之大才，但读书不够，知识欠缺也是事实。

作为寇准的朋友，张咏一直在寻找机会规劝寇准多读些书。机会终于来了。寇准有一次因事来到陕西，张咏恰好从成都卸职也来到这里。寇准盛情款待张咏，临分别时，寇准问张咏："何以教准？"意思就是"你有什么要教我的？"

张咏一直想找机会劝劝老友多读些书，听寇准这么一说，正中下怀，但同时他又考虑到如今老友已身居宰相之位，一人之下万人之上，直接说对方读书少恐怕会有损颜面，让对方下不来台。深思半会儿，张咏缓缓地说了一句让寇准没明白的话："《霍光传》不可不读。"

寇准当时没有明白这句话的意思，但也没说什么。等返回京城后，寇准回到相府，找到《霍光传》，从头到尾仔细阅读，当他读到"光不学亡术，暗于大理"这一句时恍然大悟，禁不住说道："这大概就是张咏要对我说的话啊！"

寇准为什么这么说呢？因为他的情况与霍光的情况相似。霍光曾任大司马、大将军之职，地位相当于宋朝的宰相。霍光为汉朝立下了汗马功劳，但他居功自傲，不愿学习。寇准从霍光的事情联想到老友的话，自然就明白了老友说的那句"《霍光传》不可不读"的含义。

张咏知道如果当面直说老友读书不够，学问不足，会有损老友的颜面，让老友下不来台，于是就借用霍光的事例来委婉劝说老友，让老友勿学霍光"不学亡术"，而要多读书。这样委婉规劝的方式，让寇准体谅到了对方的良苦用心，并欣然接受建议。

求人办事也可以启发式引导

在求朋友办事时，有的时候如果把话说得太直、太透，可能会引起对方不满，使事情向不好的方面发展，因此不宜直言，也只能采取委婉的方式表达。

一天，庄周家里揭不开锅了，他再高傲，也要吃饭啊。万般无奈，他放下架子，拎着口袋到朋友监河侯那儿去借粮食。

　　庄周进门时，监河侯正要出去。庄周说明来意，监河侯满口答应："没问题，没问题，这不，我正要出去收租金，等我回来，我一定借你三百两银子买粮食。"

　　庄周内心琢磨："你进城收租金要半个月，等你回来再买粮下锅，我一家人岂不要饿死！"想到这儿，他对监河侯说："在来的路上，我碰见一件奇事，很有意思，你要不要听听呢？"

　　监河侯是个好奇的人，听庄周这么一说，连连说："听，听，你说说有什么奇事发生了？"

　　于是庄周不紧不慢地说："在来你家的路上，我路过一道干涸的沟渠。一条小鱼嘴巴一张一合地向我呼救。它说它是从东海来的，不幸被急流冲到这条干涸的沟渠里，回不去了。它求我给它舀一瓢水，救它一命。我对它说：'一瓢水太少了，你再坚持坚持，等我去面见越国和吴国的大王，让他们堵住西江的水，然后开沟挖渠，将西江的水引到这儿来，你就可以顺着水游回东海了。'谁知道那条鱼听了很生气，说：'我现在就快干死了，只需要一瓢水，就能暂时存活下来。但是等你引来西江水，我早已经成鱼干了。'"

　　庄周讲完了，监河侯也马上明白了庄周讲这个故事的意思，他满脸通红，连声道歉，马上喊来家人给庄周带来的口袋装满粮食。

　　如果庄周在监河侯说收租回来再借给他钱买粮食后，直言揭露监河侯根本不想借给他粮食，只是在敷衍，恐怕会让监河侯颜面扫地，甚至会恼羞成怒，借粮一事恐怕也就此泡汤。但庄周通过一个小故事委婉地影射了对方的行为，对方也知错就改，庄周遂达到了目的。

好感话术

 人为什么死？鸟为什么亡？

你的意思是说，不要太急功近利？

 聪明如你，应该知道怎么做了吧！

不斤斤计较，莫因小事失朋友

朋友之间难免发生一些小摩擦，只要不是原则性问题，就没有必要斤斤计较。金无足赤，人无完人，如果对犯有小过失的朋友不依不饶、斤斤计较，最终会导致友谊破裂。对待朋友，不应苛求，而应抱有宽容、理解、友爱的心。

允许朋友犯错误

两个好朋友结伴穿行沙漠，途中，俩人发生争执，一人打了另外一人一记耳光。被打的人没有说什么，只是在沙子上写下："我的好朋友打了我一个耳光。"

俩人继续向沙漠深处行走，前方忽然出现了一片绿洲。疲惫的两人迫不及待地跳进水中，突然被打耳光的人发现自己正陷进泥潭，他奋力挣扎，并大声呼救。眼看着他就要被泥潭无情地吞没，他的朋友不顾危险舍命相救，最终成功将他拉出泥潭。

从泥潭脱险的人什么也没有说，只是在石头上刻下一小行字："今天我的好朋友救了我的命！"他的朋友很奇怪，禁不住问他："为什么我打你耳光，你记在沙子上，而我救你，你却记在石头上？"

他听后，回答道："当你有负于我的时候，我把它记在沙子上，风一吹，就没有了。当你有恩于我的时候，我把它记在石头上，不管什么时候，我都不会忘记。"

他的朋友听后，眼眶湿润了起来，他紧紧抱住对方，久久不松开。

世上没有化解不开的仇恨，何况朋友之间的一点小矛盾。世界上不是每个人都可以成为朋友，因此一定要珍惜来之不易的友谊。没有人没有缺点和过失，当朋友犯错的时候换位思考一番，就容易理解、包容对方了。

给朋友道歉的机会

有些时候，朋友说了不该说的话，伤害了你的自尊心，这个时候要考虑到朋友之间的友谊，尽量宽容对方，给对方一个思考和改错的机会。

在一次大学同学聚会上，吴迪和姜涛这对好朋友因一件事发生了争执。吴迪对姜涛说："在这个问题上，你没有发言权，就在那么一个小单位窝着，能有什么高深的见解，你还是消停一会儿吧，停止你的谬论，听我说。"

姜涛听后笑了笑，没有再与吴迪争执。聚会结束，吴迪离去后，几个同学都问还没有离去的姜涛："吴迪那样贬低你，你不回击，还真能忍！"

姜涛很平静地回答道："他可能无心伤害我，我想他回去后，应该能认识到不该对我那么说话。还有，我们是同学、好朋友，这点小事无须挂在心上，就让它过去吧，没什么大不了的。"姜涛表现得很豁达。

正如姜涛所预料，吴迪回去后细思量果真觉得自己实在不应该那么说好朋友。于是，第二天一大早，他就给姜涛打电话道歉。

人都会犯错，如果你想找一个不犯错的人做朋友，那么你一生都将没有朋友。当朋友犯了错，你紧紧抓住不放，非要给对方以颜色，那么可能你们的友谊会因此而结束，正确的做法是不对朋友一时的过失斤斤计较，以理解、宽容的行为"唤醒"迷失的朋友，努力延续这份珍贵的友谊。

好感话术

 认识你这么多年了，你怎么还是一样小气，不就是多买个包吗？

算了，买就买吧，反正也好长时间没送你包包了。

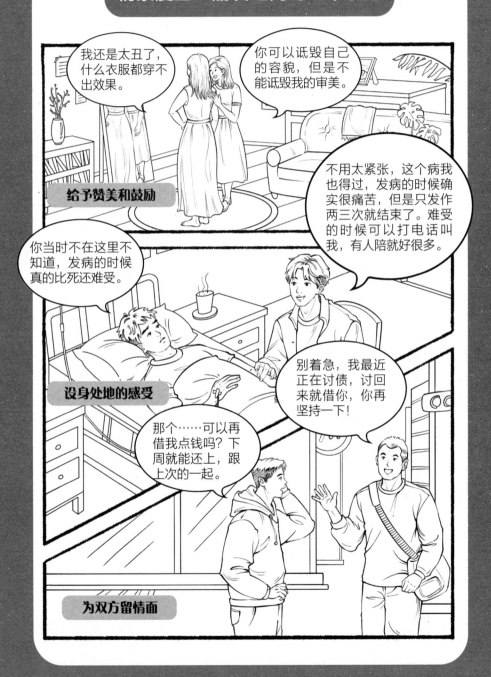

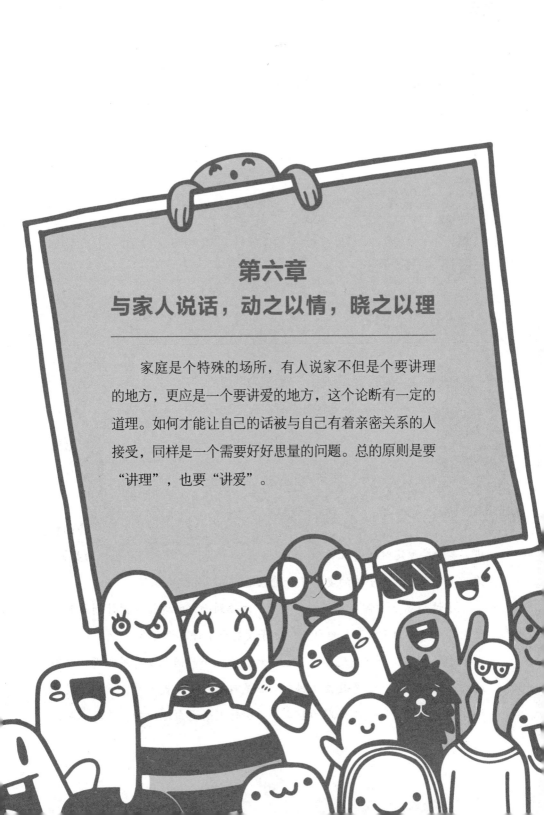

第六章
与家人说话，动之以情，晓之以理

家庭是个特殊的场所，有人说家不但是个要讲理的地方，更应是一个要讲爱的地方，这个论断有一定的道理。如何才能让自己的话被与自己有着亲密关系的人接受，同样是一个需要好好思量的问题。总的原则是要"讲理"，也要"讲爱"。

这样认错，让另一半转怒为喜

　　夫妻长久在一个屋檐下生活，有矛盾是很正常的。就算不至于大吵大闹，闹个天翻地覆，但冷战却是经常发生的，你不理我，我不理你，有话憋着不说。长久下去，就影响了夫妻双方的感情。很多时候，总是一方要做出让步，然后另一方给予回应，最终夫妻握手言和，重归于好。如何用言语消除冷战，让双方心无芥蒂呢？可采用下列几种方法：

主动认错

　　夫妻发生矛盾时，如果一方知道过错在己，就要主动认错，主动示好，以求对方的谅解。

　　小许去外地出差，回来时航班因故不能起飞，小许不得不改签其他航班。妻子按原定时间去机场接小许，可是等了很长时间也没见小许的身影。询问工作人员后，小许的妻子才知道原定的航班因故取消了。

　　小许的妻子非常生气，回到家后，才接到小许的电话，说计划有变，改坐其他班次的飞机了。电话里，妻子没有跟小许多说什么。

　　回到家后，小许发现妻子脸色不对，而且一句话也没有跟他说。他知道自己做错了事，于是赶紧认错："真是对不起，是我不对，我应该提前给你打电话通知说我改坐别的航班了。劳你大老远白跑一趟，是我不对，我道歉。别生气了，气大伤身，一会儿我下厨给你做几个你爱吃的菜，算作赔罪，如何？”

妻子听后，脸色恢复了正常，怨气一下子烟消云散了。

主动认错并不一定非得要一方知道自己有过错，才去施行的。即使错误不在自己，也要以主动承担责任的高姿态影响对方，促进双方和好。

淡化矛盾

有些时候，双方的矛盾并不大，只是心情不太畅快，这时候可以直截了当地与对方打招呼，如"月月，你在干吗？还在生气？别生气了，过去的事情就让它过去吧，再说也没什么，还记得它干什么，是吧？"对方可能也就因你的让步而"不再追究"。

也可以像没有发生矛盾一样，主动与对方说话，表明你并没有把你们的矛盾放在心上。

昨天晚上，黎强和妻子李靓因家庭琐事拌了几句嘴，李靓不搭理黎强了。一夜无话，第二天早上上班前，黎强问妻子："看见我的车钥匙放哪儿了？"李靓见丈夫好像忘记了两人头天晚上吵嘴的事，也就不好再继续生气了，就回答道："不是放在客厅鱼缸旁了吗？"黎强回应道："哦，知道了。"笑着出去了。

幽默示好

幽默具有独特的魅力，恰到好处地利用幽默语言可以让夫妻结束冷战。

周通和妻子胡静早上吵了一架，然后谁也不理谁，开始冷战。直到晚上，两人还没有吃饭，周通见妻子脸上还是阴沉沉的，知道还在生气，于是走过去满脸堆笑说道："世界冷战都结束几十年了，我们家的冷战进行一天了，是不是可以松动一下了？向世界看齐嘛！你脸上阴沉沉的，能不能阴转晴呢？你看，外面的月亮都圆了，咱家的月儿是不是也该圆了？"

听到丈夫这番幽默的话，胡静忍不住笑了起来，脸上瞬间阴转晴。

利用中介

有时候夫妻双方的矛盾很大，冷战形势严峻，当面沟通可能一时间无法让人接受，这时候不妨借助"中介"来传递信息。比如可以通过打电话、发QQ、短信、微信等沟通，也可以通过他人来完成这项任务，比如通过孩子、老人、邻居等沟通。

利用中介的好处之一就是让矛盾有了一个缓冲的余地，有助于矛盾的淡化和解决，因此，当矛盾比较大的时候，不妨尝试使用这种方法。

好感话术

 亲爱的，我错了，原谅我好不好？键盘、方便面、搓衣板，随便挑！

理由足够充分，父母自然放手

　　父母和孩子是两代人，由于各方面的原因，双方的思想、观念乃至做事的行为习惯、方式方法有着或大或小的差距。正因为如此，子女和父母的意见经常会有分歧，矛盾由此产生。当与父母的意见不一致时，作为子女，该如何更有效地说服父母？

　　通常要想说服父母同意自己去做某件事，事先要找好充足的理由，然后在一个适当的时机下跟父母沟通。理由充足可以让父母感觉这件事你认真思考过了，而不是一时兴起。时机合适会让父母认为你对这件事很重视，他们由此会认认真真思考的。

父母的顾虑并非没有道理

　　快放暑假的时候，肖格丹有了一个很大胆的想法，他想趁这个假期一个人骑车旅游一次。一天放学，吃过晚饭后，肖格丹将这个大胆的想法讲了出来。没想到，父母的口气出奇的一致。

　　"怎么想的？一个人出去太危险了！""你的社会阅历浅，很容易上当受骗，还是不要去了。""现在社会治安令人不放心，一个人不能单独出去，快打消你的想法吧！"

　　一连串的打击让肖格丹将后面的话咽了回去。他还想再争取一下，但不知为什么没有说出口。

要客观地看待这个问题，从反对意见中，可以明显地看出来，父母对肖格丹一个人骑车旅游显然不放心，所以，持一致反对意见。其实，最主要的问题还是出在肖格丹身上，他没有拿出一个让父母同意的充足理由，更没有拿出让父母放心的方案，所以，他的计划流产是情理之中的，父母的反对也是无可厚非的。

如果事情到此为止，也就没有了借鉴意义，实际上事情还没有完。

问题的关键是理由是否充分

肖格丹不甘心自己的计划就这样"流产"，他决心一定要说服父母同意自己的计划。他忽然想起前一段时间的新闻报道。该报道说通过一些夏令营的活动，发现现代中学生的独立生活能力很差，将来很难很好地适应社会。

一个休息日，肖格丹就这个问题让父母谈谈对此事的看法，正如他所料，父母都很支持培养孩子的独立生活能力。肖格丹一看有机会，心中暗暗高兴。他趁势将自己的骑车旅游计划讲了出来，并说自己的旅游计划也是为了体验生活、增加阅历、增强独立生活的能力。随后，他又拿出了自己精心制订的出行计划，并许诺，他每到一个地方就及时打一个电话回家，随时报告情况。

最终肖格丹成功说服父母答应了自己的计划，此时的他心里别提有多高兴了。

肖格丹正是为自己的计划找到了一个充足的理由——为了体验生活，培养独立生活的能力，同时，又拿出精心制订的出行计划，这才让父母放心，最终同意他的出行计划。

　　还有一些时候，不管子女怎么说，如何摆事实讲道理，父母坚决不同意。这种情况下，可以巧妙借助别人来说服他们。借助的人一定要能在父母面前说得上话，比如父母平时很尊敬的长辈，或者是父母平时很要好的朋友，再或者是父母单位的领导。只要你说的意见正确，而且要求不过分，通常这种方式很有成效。

　　需要注意的是，父母是你最重要的亲人，不管你采取哪种方式，一定要注意语气和善，言辞适当，不可顶撞父母，不可有过火甚至是过激的言行。

　　另外，如果是自己的意见不正确，那么就不是想办法劝父母同意，而是要放弃自己的意见，采纳他们的意见。

好感话术

 妈，你就放心吧！他既是我的情感伴侣也是我的事业搭档，还上哪去找这么称心的女婿呀？况且您这身体也大不如前了，早放心不就早省心吗，往后让我们好好孝敬您。

看来我的宝贝女儿真的长大了，我也能了却一桩心事了。

耐心沟通，化解与父母的争持

当孩子逐渐长大，特别是在"成人意识"萌发和自我意识的确立过程中，孩子与父母的意见开始发生较大的分歧：孩子想独立行事，而父母则习惯以权威者和管教者面目出现，两者相互碰撞，争执自然也就随之发生了。

正确看待父母与子女的观点冲突

客观来讲，父母人生阅历丰富，考虑问题比较全面，但是同时也容易形成思维定式，产生偏见。子女人生阅历欠缺，考虑问题容易片面、肤浅，但是接受新知识速度快，创新意识强。所以，单单就两者发生争持，不能断定谁一定是对的，谁一定是错的，只能具体情况具体分析。

如何对待这一问题呢？孔子曾说："事父母几谏，见志不从，又敬不违，劳而不怨。"意思是：侍奉父母，他们若有过失，要婉言劝告，话说清楚了，却没有被接纳，仍然尊敬他们，不要违逆对抗，继续操劳而不怨恨。

孔老夫子的这段话给我们指明了处理这件事的方向。当发现父母要犯过失之前，要劝父母不要犯这个错误，可以将做这事的利弊讲给父母，让他们明白其中的道理。

如何化解与父母的争持

如果父母依然坚持己见，劝诫的同时，要继续孝敬父母，一定不要因此怨恨对方。如果争执不可避免地发生了，要耐心沟通，努力化解与父母的争执。大家在与父母发生争执时，不妨参考以下几点：

1. 静下心来聆听父母的说教。父母是子女最重要的亲人，父母的教育是孩子成长路上最必不可少的人生课。正是在父母的教养下，子女才顺利成长起来。很多时候，与父母发生的争持，主要责任还是在子女一方。慢慢长大了，认为自己什么都懂了，对父母说教不放在心上，反而会认为多此一举，从而产生厌烦心理，以致很难听进父母的说教了。

要想想父母为自己付出的一切，不管父母说得是对还是错，首先都要静下心来聆听父母的说教，这是对父母的起码尊重。如果父母说得不对，再委婉地进行劝解。

2. 先做自我批评，然后再与父母沟通。发生争执后，采用换位思考的方法，站在父母的立场审视问题，认真找出自己应负的责任，然后做深刻的反省。选择一个合适的方式向父母承认错误，跟父母做深层次的沟通，以圆满解决问题。

3. 放下面子，尽早打破僵局。和父母发生争执后，心中还愤愤不平，认为自己很有理，是父母做得不对，父母应向自己道歉，而不是自己向父母道歉。在这种思想作用下，会认为向父母道歉很没面子。甚至父母跟自己说话时，也装模作样，爱搭不理。

这种想法和做法是极端错误的，顶撞父母就已经不对了，再加上心存这种想法，实在是错上加错。正确的做法是放下所谓的面子，立即向父母道歉，请求他们的原谅。

总而言之，对于父母，子女要尊重，再尊重，双方要相互理解和支持，常做换位思考，站在对方的立场审视问题。当发生争执时，子女要与父母多沟通，态度要温顺和善，有耐心，努力化解和父母的争执。

好感话术

要我说，婚姻是人生的第一等大事，你都三十了，过了这个村可就没这个店了！

对，您教育的是。虽然说工作忙，没时间谈对象，但也有我自己的原因，是我太任性，没把您的话当回事。往后我一定多抽出点时间来给您物色一个乘龙快婿，好让您早些放下心里的大石头。

以理服人，才能让孩子更听话

"以理服人"给人的感觉，似乎只是成人之间的事。但很多时候，对待孩子，也要讲究以理服人，这样他们才更听话，也更有利于他们成长。

让孩子心甘情愿去学习

黄勇的小儿子活泼好动，憨态可掬，十分可爱。小家伙四周岁的时候，该去幼儿园了，可却不愿意去。说了几次，小家伙仍是一个劲儿地摇头。

黄勇有些生气，想用武力解决问题——将小家伙关进房里，不给好吃的吃，不给玩具玩。可是这样就能解决问题吗？后来黄勇认为行不通，于是他决定采用一个新办法。

晚饭后，黄勇和妻子还有大女儿在客厅用彩笔画画，他们画太阳，画大地，画美丽的山庄，色彩绚丽，十分漂亮。小家伙被吸引了过来，他也想加入进来。

"不行，你不会画。"黄勇说，"要想画，你得先学如何画。"

"去哪里学画画呢？你们教我吗？"小家伙问。

"我们没时间教你，你需要到幼儿园去学。那里有老师专门教画画。"黄勇说道。

随后，他给小家伙描绘起幼儿园里精彩的生活，能学画画，能识字，有很多好玩的玩具，还有和蔼可亲的老师以及许多可爱的小朋友。之后，又讲起为什么要上幼儿园，为什么要学知识，知识都有哪些作用等。

小家伙的好奇心顿时被勾了起来，眼神变得炽热，似乎充满了对幼儿园生活的憧憬。他一改过去对幼儿园的反感，强烈要求爸爸妈妈把他送到幼儿园去。就这样，问题得到了圆满解决。

　黄勇后来没有简单粗暴地动用家长的权威逼孩子去幼儿园，而是采用了一种非常温和的方式——以理服人，让孩子心甘情愿地去幼儿园。

威胁式的教育往往事与愿违

　很多家长认为跟孩子没有什么道理可讲，"他们还小，不懂得什么道理！""跟他们讲道理，白费功夫！"这是家长们的一贯想法，所以家长们通常会简单粗暴地命令孩子做这做那，而从不去讲为什么要这么做。

　比如，他们常告诫孩子不要抽烟和酗酒，却不告诉他们抽烟和酗酒的害处在哪里，以及他们为什么不能这么做的道理。

　还有一些家长动不动就直接动用家长的权威去威逼孩子做这做那，他们惯用的句式就是"如果你不……我就……"，这无异于赤裸裸的威逼。而通常在孩子还小、反抗力还很弱的情况下，这种方式往往能得逞。看下面这段对话：

　儿子：为什么要学奥数？我不想学奥数。

　父亲：没有为什么，让你去你就得去，别无选择，你要是不去，别指望我给你买那双球鞋。

　儿子：嗯，那好吧……有很多人学吗？

　父亲：应该吧，不过，具体多少人不清楚。

　儿子：哦。

这个孩子表面顺从，内心里其实会积压负面情绪。这位父亲不在乎儿子的想法，也不给儿子讲什么道理，只是要求儿子按照他的要求来，否则就不给买球鞋，这是典型的威胁。实际上，儿子已经给了提示，只要父亲给予这方面的引导，应该不是很难的事，事情也会好很多，可是这个糊涂的父亲偏偏没有这样做。

作为一个完整的个体，孩子有自己的思维、感情和尊严，因此作为家长，不要忽视孩子的心理需求，更不要挫伤孩子旺盛的求知欲，要懂得尊重孩子，懂得以理服人给孩子带来的巨大影响，努力给孩子做一个好的表率。

好感话术

 为什么不喜欢上数学老师的课？他打你骂你了吗？

没有，我只是觉得他不喜欢我。

 别人喜欢你你就喜欢他，别人讨厌你你就讨厌他，告诉爸爸，你是一个主动的人还是被动的人？

我明白了，要做一个主动的人，做好自己应做的事，不要被别人的态度所影响。

不想让孩子叛逆，小心这七类话

　　父母是孩子成长过程中最重要的人，父母的一言一行对孩子有着潜移默化的影响。作为父母要注重这种生活标杆的重要作用和影响，在与孩子的沟通交流中，注意规范自己的一言一行。一般情况下，父母在与孩子沟通时，不要说这七类话，因为这七类话对孩子的成长有非常大的不利影响。这七类话是：

伤害孩子自尊心的话

　　有一些父母对孩子要求过于苛刻，恨铁不成钢，加之本身脾气急躁，在孩子的表现达不到自己的期望时，冲动之下，往往会说出一些过分的话，比如，"我看你就是个没出息的孩子！""你怎么这么笨呢？比人家的孩子差远了！"

　　这类谴责的话对孩子幼小的心灵破坏力极大，往往会使他们觉得自己遭到了贬低，一无是处，没人喜欢，从而对人生失去了信心，甚至破罐子破摔，形成畸形人格。

　　即使孩子的表现确实不如人意，也应这样说："你的成绩确实没人家的好，但我还是看到了你的努力，我相信你一定能奋起直追，迎头赶上。"

吓唬孩子的话

吓唬孩子的话往往会让孩子失去安全感，对孩子造成一种心灵损伤。比如一些父母常说："你再不听话，我就不要你了，将你送人！""你考试再不及格，你就别进这个家门。"

这类话往往都是父母的气话，并不是真的这样做。但是，这些父母忽略了这些话对孩子的不利影响，一方面可能造成孩子不安稳的情绪，另一方面，如果孩子没有达到你所要求的，而你又不能真的像所说的那样去做，那就是一种失信。正确的做法是摆事实讲道理，以理服人。

命令孩子的话

有些家长对孩子很霸道，跟孩子说话常以命令的口吻，要求孩子做这做那，从不听孩子的意见，比如，"老实待在家里练书法，不准出去。""练完钢琴，看奥数，再温习功课，就是不能出去！"

父母从自己的意愿出发，强令孩子做这做那，即使这些事情并不是孩子真正喜欢的。显然这种强迫对孩子的创造力是一种破坏，一种扼杀，因此尽量不要以命令的口吻跟孩子说话，最好要用商量的口气与之沟通交流。

溺爱的话

"宝贝，你是最最重要的！""我的小心肝，要什么妈妈都给你买。"这是一些父母经常挂在嘴边的话，殊不知，这样的话是会宠坏孩子的。为人父母，自然爱自己的孩子，但爱孩子需要讲究方式方法，讲究一个度。过度溺爱的话，容易造成孩子形形色色的坏毛病，因此应予以改正。

侮辱的话

有些父母忽视孩子需要尊重的心理，在和孩子说话时，经常出言不逊，比如，"你这个败家子！""你跟一个小流氓没什么区别。"

这类话会让孩子有一种屈辱感，会让他们认为父母不再爱自己，自己是个无人喜欢的野孩子，心灵受到极大的挫伤。

埋怨的话

孩子犯错的时候，常常会感到很无助，这时他们需要父母的安慰和鼓励。如果此时父母不但不鼓励，反而说一些埋怨的话，自然会让孩子本已"受伤"的心再遭受损伤。因此，应当说："既然事情已经发生了，就接受教训吧，以后争取不再犯类似错误。"而不要说："看看，都怪你吧！都是你惹出来的！"

欺骗的话

有很多家长为了让孩子不再闹，往往采取许诺给买这买那的办法哄孩子，如"别闹，等妈妈下班回来给你买可以遥控的大飞机！"但下班回来却不履行诺言。

这类欺骗的话会让孩子对父母产生不信任感，潜移默化，也会让孩子变得不诚实，学会撒谎。因此一定不要采取这种"饮鸩止渴"的方法。还是要根据实际情况，跟孩子讲清道理，以理服人。

总之，父母在跟孩子沟通交流时，一定要注意自己的言行，努力给孩子创造一个良好、健康的语言环境。

好感话术

妈妈不想用危言耸听的话来吓唬你，但你一定要明白，学与不学的自由在你，但是会有什么样的结果却不是你说了算。如果你能确保将来不后悔的话，尽管玩儿就好了。

妈妈，我知道错了，我要做一个对自己负责的人……

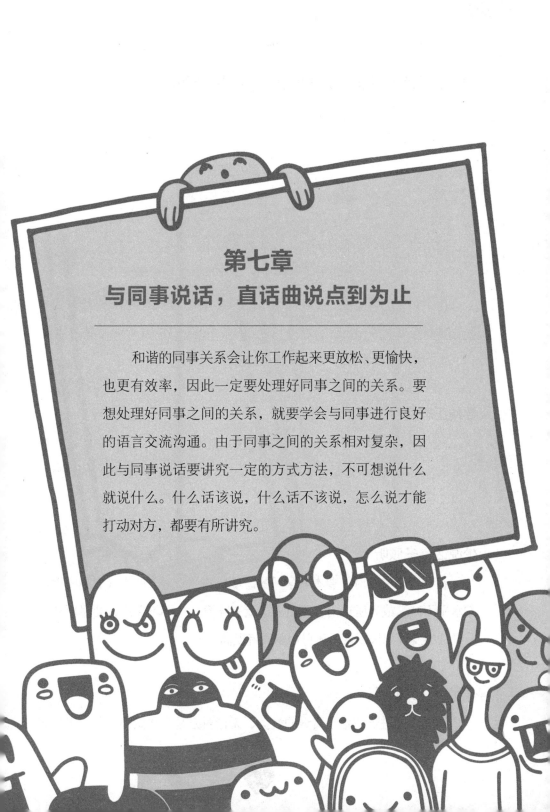

第七章
与同事说话，直话曲说点到为止

　　和谐的同事关系会让你工作起来更放松、更愉快，也更有效率，因此一定要处理好同事之间的关系。要想处理好同事之间的关系，就要学会与同事进行良好的语言交流沟通。由于同事之间的关系相对复杂，因此与同事说话要讲究一定的方式方法，不可想说什么就说什么。什么话该说，什么话不该说，怎么说才能打动对方，都要有所讲究。

言语交流处理好，同事关系没烦恼

同事是一种关系特殊的熟人，通常情况下，大多数的同事关系仅限于工作上的合作关系，有少数人将同事关系上升为朋友关系。

由于关系的特殊性，致使同事之间的交流有一些事项需要处理好，如果处理不妥当，势必会影响到同事之间的关系和自己事业上的发展。

下面是同事之间进行言语交流的注意事项，以供参考。

要端正态度

对同事关系要有一个正确认识，这是正确处理同事关系的前提。一般情况下，无论你喜欢还是讨厌某个同事，在与对方交谈的时候，都要尊重、体谅、礼敬对方。

少说话，多倾听

在和同事交流时，要本着学习的态度认真倾听对方的言谈。不要因对方水平不高，或者所说内容不重要，就兴味索然、心不在焉，要尽量从对方说话中发现积极因素，获得启示或者提高。

多赞美，少批评

对同事的进步要给予真诚的赞美，无论对方是工作做得出色，还是穿了一件得体的衣服，你都要不失时机地予以赞美。当然不能无原则地赞美，否则会有阿谀奉承之嫌。

开玩笑要注意分寸

同事之间有时候也需要互相开开玩笑，活跃一下气氛，调节一下情绪。但注意开玩笑要有分寸，不能过度，而且要因人而异。

巧妙拒绝要求

同事之间相互帮助本是十分正常的事，但有些时候，由于某些原因你不得不拒绝同事要求帮忙的请求，这种情况下，你就要想办法拒绝对方的请求。拒绝同事要求帮助的请求，需要一个合适的理由，要巧妙拒绝，不可以直白生硬地拒绝。你可以告诉对方，等你把手里重要的工作完成以后再帮助他，也可以说你想办，但是欠缺这方面的技能等。

不要打听对方的隐私

绝大多数人都不希望别人知道自己的隐私，对刺探自己隐私的人也都很反感。所以，在和同事交流或者聊天时，不要表现出对对方隐私多有兴趣，更不要试图刺探对方的隐私。

不要在同事面前说领导的坏话

无论在何时，在同事面前说领导的坏话都是不明智的，尽管你所说的内容可能是确实存在的，但这样做只能对你有百害而无一利。你的同事可能把你的话讲给领导听，你可能就成了他事业上的垫脚石；也可能把你的话讲给别的同事，即使不讲给别人，你也会给他留下不好的印象，会认为你既然能在他面前讲别人的坏话，也能在别人面前讲他的坏话。

好感话术

 张总和李总你更喜欢谁？

领导怎么能用"喜欢"呢？应该用"尊敬"，两位领导我都很尊敬。

不想招同事反感，要注意说话方式

职场中，要想和同事处好关系，懂得运用恰当的语言是必不可少的。运用得好，可以化解矛盾，拉近彼此的距离，获得对方的好感；运用得不好，则会破坏同事之间的关系。

客客气气，满足同事的表现欲

小健和小崔同在一个办公室，平时两人的关系还可以。一天，经理给小健安排了一件很重要，也很棘手的工作。由于嫉妒，小崔到处跟别的同事说小健的能力远远不如自己，之所以受到重用，是因为别的原因。

消息传到小健的耳中后，他主动找到小崔："我能力不够，为了把这项工作做得更好，还需要你的帮助，希望你伸出援手。"

听了小健的一番话，小崔感到很不好意思，同时他也明白了自己误会了对方，决心要好好协助小健，把这项工作做好。

同事之间的沟通交流非常频繁，在繁多的沟通交流中，得体的语言是非常重要的，它所起到的作用是非常巨大的，是和谐关系的润滑剂。那么同事之间，如何说话才算得体，换一句话说，如何说话才不招同事反感，并让对方感到温暖呢？一句话：真诚相待，说话客气。

同事之间说话一定要客气，即使对下级说话，也不要趾高气扬，不带感情，硬邦邦。否则，传递给对方的是装模作样、不友好，肯定会破坏同事之间应有的和谐关系。

适度恭维，及时伸出援助之手

当需要对方帮助的时候，要说些恰如其分的恭维话和感激话，让对方心甘情愿地帮助你，比如："小田，你水平高，技术熟练，这样复杂的表只有你才能做出来，所以要麻烦你帮忙做出来，谢谢，谢谢！"这样对方多半会很受用，也会爽快地答应你的请求。

当对方需要你帮忙时，不要拿出一副高高在上的姿态，而要真诚热情地回应，尽己所能给予帮助。

档案室小李的计算机出了问题，她不会弄，就来找行政部的马健帮忙："马健，我的电脑死机了，怎么也打不开，麻烦你帮我看一看是怎么回事？"马健马上回应："哦，好的，没有问题，现在我就过去看一看。"小李高高兴兴地走了。

另外，有一些忌讳注意不要触犯，比如开玩笑要有一个度，一定不要不看对象、不分场合、不择时机地乱开玩笑，这样不但不会收到应有的效果，反而可能会得罪人，破坏同事之间的关系。

还有，在沟通交流中，要尽量尊重对方的语言习惯，不要不管不顾，口无遮拦，触犯对方的忌讳，伤害对方的感情。

总之，在与同事沟通交流中，要端正态度，注意运用一些语言技巧，增强同事之间的联系，融洽彼此之间的关系。

好感话术

 数你奖金最高，请大家吃顿饭呗？

等我再攒一攒，争取给大家每人买一套房。

说关于同事的话，一定要有尺度

同事之间是一种特殊关系，很微妙，又很敏感。相处得好，彼此开心，相处不好，心里不畅快，而且经常低头不见抬头见，很是尴尬。更为重要的是，同事关系没有处理好，为后面可能的合作打下了不和谐的基调，隐患无穷。因此，处理好与同事的关系非常重要。

说话有分寸，保持边界感

同事之间的合作交流十分频繁，但一定要注意说话的分寸，因为一旦说话失了"准头"，过了度，将会影响到同事之间的和谐关系。

刘宁宁大学毕业后进入一家出版社做助理编辑。有着不错文笔的她，在助理编辑职位上发挥所长，快速成长，几个月后就把出版社有关的事物摸得一清二楚。

一次社里召开工作统筹大会，每个人都要献言献策。轮到刘宁宁发言时，她提出印刷品质差和印刷成本高的问题，建议在提高印刷品质的同时，还要把成本降下来。最后还说，社里指定的那家印厂是印刷费用最高的一家。

社领导对她的报告没有发表什么意见，但她却发现社里负责印刷的印务同事看她的眼光有些不友善。在这之后，刘宁宁去印刷部协商工作时，总会受到印务同事有意无意的刁难。半年后，刘宁宁上交了辞职信，离开了这家出版社。

原来，由于刘宁宁没有掌握好说话的分寸，挫伤了负责印刷事务同事的工作积极性，破坏了和谐的同事关系，使对方对她"怀恨在心"，处处为难她，致使她无法顺利开展工作，最后只好辞职离开。

与同事说话的忌讳

对年长的同事，最好不要轻易问他们的年龄，不妨多夸夸对方为人讲究，做事很棒，这样对方自然心领神会，从而会感激你。

与年龄相仿的同事说话时，可随意些，但也要注意分寸，不可肆无忌惮、信口开河，更不可出言不逊，伤人自尊。

与年龄比自己小的同事说话时，要注意保持长者的身份，不宜随声附和，但也不要与之进行激烈争论。很多话点到为止，不宜直言，给对方留有一个成长、发展的空间。

与单位领导说话时，首先要保持尊敬的态度，以示敬意，同时要注意保持自身的独立性，不做应声虫，切莫让对方认为自己唯唯诺诺，没有主见。

与异性同事说话时，要注意不乱开玩笑，避免触及对方的雷区，以免产生误会。比如，不能随意称呼一个肥胖的异性同事为"胖子"等。

同事之间也分关系亲疏的，关系一般的，不宜谈个人私事，可闲聊一些当下流行话题，也可八卦一下绯闻明星。关系较为亲近的，可谈一些个人私事，聊些私人话题，还可交流思想，促膝谈心。

每个人脾气秉性、爱憎喜好不同，如果对方喜欢委婉的说话方式，在与之沟通时，就要采取委婉的方式说话；如果对方喜欢直来直去的方式，沟通时，不妨直言，但也根据情况注意说话的分寸，不能什么都据实以告。

总之，事关同事的话，一定要有尺度，拿捏好分寸，避免让不合适的话出口伤人，损害同事关系，努力用温暖的话温暖同事内心，融洽同事间的关系。

好感话术

你觉得小李最近是不是有点怪？

抱歉，我没怎么跟他接触过。但是凭第一印象来说，我觉得他应该不会做什么奇怪的事吧！

淡化自身优势，弱化同事嫉妒心

同事之间，容易互生嫉妒心，如一方得到了公司提拔，没被提拔的同事就容易心理不平衡。这种情况下，一定不要喜形于色，甚至得意忘形，这样做的结果无疑会加强别人的嫉妒，给自己的工作带来麻烦和障碍。

正确的做法是：要像被提拔前一样自然得体，言谈中要多些自谦的话，这样才能有效淡化自己的优势，减轻弱化同事的嫉妒，而且还能博得同事对你的钦佩。

和光同尘，关系才能长久

孙宁毕业后进入一家饲料销售公司工作。工作一年后，因业绩突出，被提拔为业务经理。

"工作仅仅一年就被提拔为经理，这无疑是对自己工作能力和态度的一种肯定。嗯，开局不错，继续努力！一定会取得更大的成绩！"孙宁心里美美地想着。

成为业务经理一周后，孙宁的大学同学何静来向孙宁道喜。"工作一年就被提拔为经理，不错呀，孙宁，了不起！有前途！"一进办公室，何静就嚷道。

"没什么，没什么，是公司的平台好，另外，主要是公司领导和同事抬举我，大家都很厉害，都很了不起，我只不过比较幸运而已！"孙宁谦虚地说道。

有两个孙宁的同事也在办公室里，他们听了孙宁的回答后，没有说什么，而是脸上露出笑意，主动跟何静打招呼："来玩啊？请坐！"

试想一下，如果孙宁当时说"也没什么，凭我的水平和能力升到这个职位很正常，我还嫌有些迟了呢！"之类的话，那么，那两个同事心里肯定不舒服，以至于和孙宁难以相处。这样就破坏了同事的关系，为后面彼此的相处埋下不和谐的隐患。

另外，主动暴露自身劣势，也会减轻同事的心理压力，弱化甚至免除同事的嫉妒心，从而创造一个轻松的工作环境。

低调处世，更受同事喜欢

一所省属联合中学新调来一位副校长，这位副校长以眼光独到、擅长管理著称，在省教学改革上做出多项创新，深得省教育局领导的赏识。在正式调任之前，联合中学的一些领导对这位同行颇有诟病，其中多半是出于嫉妒心而引发的无端担忧和指责。

风言风语传到这位副校长耳中后，他没有说什么。正式调任令下来后，这位副校长随即走马上任，在见面大会上，这位副校长发表了一席演讲，他说道：

"谢谢大家为我举行这次会议，闲话我不多说。我想说的是，在我来之前，我调查了一下，发现在我们学校里，文化最低的有三人，而我就是其中之一。在座的各位都是科班出身，都有丰富的经验，我经验不足，所以来这里的第一个任务就是来向各位学习的，各位都是我的老师，希望各位不吝赐教。我的第二个任务是尽己所能为教学在第一线的老师服好务，希望不辱使命，当然这还需要在座的各位给予我大力支持，谢谢。"

　　副校长这番坦诚低调的话，让那些原先对他抱有嫉妒心的同事一下子弱化了嫉妒，对他产生了一种亲切与敬重感，他们真诚地鼓起掌来。

　　嫉妒犹如一条毒蛇，可让人殒命于无形，伤害极大，因此，一定不要让同事嫉妒你。未雨绸缪也好，亡羊补牢也好，努力用你春风化雨的言谈弱化甚至免除嫉妒，让你的事业之路变得平坦顺畅。

好感话术

 我听同事说你比较擅长电气自动化技术，可以向你请教几个问题吗？

 哈哈，也谈不上擅长，不过是比较感兴趣而已。你遇到了什么问题？我们可以一起探讨一下。

被提拔后，要这样跟同事"显摆"

职位升迁是很正常的事，但升迁后，有一个问题常常被忽略，那就是升迁后，该如何对各方说话？升迁前，你可能是一个普通的职员，位低言轻，话说得好不好影响不大。但是升迁后，原来的同级同事成了你的下属，原来的上司变成了同级同事，关系发生了改变，彼此之间有了一种很微妙的距离感。这个时候，话该如何说才能让各方感觉良好呢？

作为升迁者，不要忽视这个时候的"开场白"，它对你今后的工作和人际关系的开展都有很大的影响。因此，一定要处理妥当。

对原同事

升迁后，对原来的同事说话要注意不要"脱离群众"，要对原来的同事表示感激。如果你的升迁来自上面的任命，你可以这样说："说实话，对于这个任命，我没有想到，感觉很突然。但既然领导让我负责，我就努力争取当好这个官。但要想工作做得好，离不开诸位的大力支持，在这里我先表示感谢，我希望用我的努力回报领导和大家的信任。诸位有什么问题，尽管来找我，我会尽我最大的努力为大家服务。"

如果你的升迁是通过竞争获得的，那么你可以这样说："谢谢大家对我的信任和支持，我一定尽我所能，努力工作，以报答大家对我的信任和支持！同时也请大家相信我在竞选时的承诺，我一定努力兑现承诺。"

对原上级

升迁后，原来的上级变成了同级同事，在对原来的上级说话时，要注意保持谦虚谨慎的态度，同时要表示出感谢之意，可以这样说："感谢各位对我的信任和提拔，是你们给了我表现和学习的机会，正是有了各位领导的提携，我才能够脱颖而出。以后还希望各位领导多多指教，多多批评，谢谢！"也可以这样说："非常感谢各位领导的扶持和帮助，新工作、新岗位对我来说是个挑战，希望各位领导继续给我帮助和指导。拜托各位了！"

对新上级

除非是自己当了老板，要不然肯定还会面对新的上级。升迁后，面对新的上级，说话要注意表现出勇于担当和谦虚谨慎的态度，可以这样说："谢谢领导对我的信任，我会加倍努力工作的，绝不辜负领导对我的信任和希望。初到新岗位，有很多东西需要学习，肯定有不足的地方，希望领导能多加指点，另外，有考虑不周全的地方，还请领导多多批评指正，多多指教！"

好感话术

你这次升职，可得好好犒劳犒劳兄弟们啊！

那是当然，多亏了各位对我的支持，我才能有今天的成绩。大家放心，我一定不会辜负大家对我的期望的！

127

情景漫画　同事间的话术示范

保持边界感

你这么卖力工作，给你开多少工资？

咱们应该差不多吧！看你的消费水平，工资可能比我还高一点。

低调谦虚

这类问题你比较有经验，有什么建设性的意见吗？

我在前公司处理类似问题，用的都是 ×× 法，但现在我只是个新人，还是要尊重各位前辈的意见，你觉得这个方法可行吗？

语言委婉得体

我下班约了人，还有份报表没有完成，拜托你帮我做一下吧！拜托了！

当然没问题！可是……这部分数据我没有读取权限，要不你先处理完这些，等我忙完手头的事再帮你？

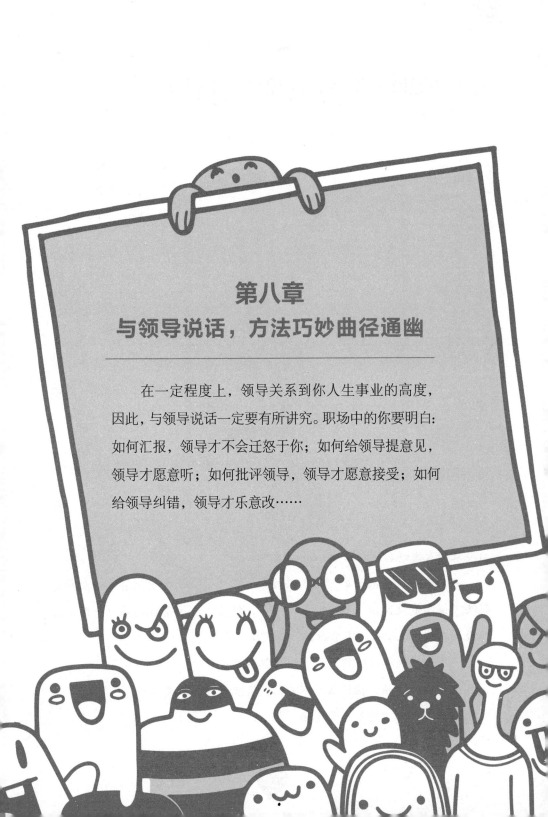

第八章
与领导说话，方法巧妙曲径通幽

在一定程度上，领导关系到你人生事业的高度，因此，与领导说话一定要有所讲究。职场中的你要明白：如何汇报，领导才不会迁怒于你；如何给领导提意见，领导才愿意听；如何批评领导，领导才愿意接受；如何给领导纠错，领导才乐意改……

想办法兜圈子说话，让领导急不起来

过去有一句戏言说"伴君如伴虎"，此话虽然有些言过其实，但也在一定程度上表现出与领导相处时有很大的"风险"。作为下属，如果说话不注意，触碰到领导的逆鳞，就有可能受到领导的斥责，严重者还会受到惩罚。

很多时候，面对领导的一些问话，既不能装聋作哑，不予回答，也不好实话实说，直言相告。在这样的情况下，只好想办法兜圈子说话，以避开雷区。下面这则笑话，很好地说明了这个问题。

委婉向领导提意见

古时候，有一个县官喜欢附庸风雅，画画送给别人。他喜欢画虎，却偏偏画得像猫。他以为自己画得很好，常常在厅堂上将画作展出示众，然后要求别人说说对画的看法。

一次，他又将画好的"虎"画挂在厅堂上，让众人说说看法。众人都低头不语，不敢说话。县官见无人迎合，很生气，于是就指着一个新来的衙役说："你来说说，本官画的虎如何呀？"

那个新来的衙役吓得瑟瑟发抖，颤抖着说："老爷，我有点怕。"

县官问："怕，怕什么？不要怕，有老爷在，不要怕！"

衙役又说："老爷，你也怕。"

县官很诧异："我怕？我怕什么？快说说！"

衙役又说："老爷怕天子。"

县官："嗯，不错，老爷是怕天子。不过，天子什么也不怕。"

衙役说："不对，天子怕天。"

县官："天子是天老爷派来的，可天老爷该什么都不怕了吧？"

衙役："天老爷怕云。因为云会遮天。"

县官："那云又怕什么？"

衙役："云怕风，风来了，云就散了。"

县官："那风又怕什么？"

衙役："风怕墙。墙挡住了风。"

县官："那墙怕什么？"

衙役："墙怕老鼠，老鼠会打洞。"

县官："那老鼠怕什么？"

衙役："老鼠怕它。"衙役指了指挂在厅堂上那幅"虎"画。

县官看了看画，又看了看衙役，哈哈大笑起来。

衙役不敢直接说县官画的"虎"像猫，而是绕了一个大圈子委婉地表明了意见，这显然要比直接说更能取得好的效果。如果他直接说县官画的"虎"像猫，一定会惹县官不高兴，甚至会受到惩罚，但是这么委婉而幽默地一绕，不但表达了自己的意见，同时也不至于惹县官不高兴，可谓一举两得。

间接向领导提要求

同这个衙役一样，诗人但丁也绕了一个大圈子把自己想说的话巧妙地表达了出来。

但丁在出席威尼斯执政官举行的宴会时，发现侍者给其他人都奉上一条条肥大的煎鱼，但给自己的却是一条很小的煎鱼。

但丁没有表示抗议，但也没有吃鱼。而是用手将这些小煎鱼拎起来贴近耳朵旁，好像在和小鱼交谈。

执政官看见了但丁的举动，不禁感到很奇怪，就问："你在干什么？"

但丁认真地回答道："是这样，几年前我的一个朋友离世，举行了海葬，我想知道他的遗体是否还在，于是就向这几条小鱼打听一下。"

执政官问："那小鱼说什么了？"

"它们说，它们还很幼小，也不清楚过去的事，要我向那些大鱼打听一下。"但丁认真回答道。

执政官听了哈哈大笑起来，明白了但丁的意思，他马上命人将最大的一条煎鱼给但丁端来。

试想一下，如果但丁直接表示不满，不但得不到大鱼，而且还可能遭到一番嘲弄，但是他这么兜圈子说出来，就收到了极好的效果。

领导有领导的尊严，一般情况下，不要轻易侵犯领导的尊严。在有必要表明自己态度和意见时，也不要简单直白地表述，以防触犯领导尊严，让彼此不愉快。在有必要表明自己的态度和意见时，要依据现实情况，采取一定的手段，巧妙表达。

好感话术

 谁来解释一下，这个月的销量是怎么回事？

都是小赵，都嘱咐他多少次了，对数据上点心！

领导，这是我的问题，下次我会再三和您确认的。您经验丰富，而我还是个新手，希望您多替我把把关，让我多跟您学点经验。这样我们的团队才能避免再出类似的问题。

在背后赞美领导，比当面奉承更好听

谁都愿意听好听的话，领导自然也不例外。由于身份和地位的关系，作为领导，更愿意听下属钦佩的话，尽管这些奉迎的话言不由衷。

在其位难免其俗

实际上，领导之所以免不了这个俗，是因为领导需要从这些赞美的话中找到领导的感觉和"安全感"。

一个集团分公司的一位秘书善于左右逢源，对公司领导更是言辞有礼，言必有"您"，因此很得大小领导的宠爱。

后来分公司的董事长被调走了，总公司新调派来一位董事长。新董事长走马上任之前，就传言他是个秉性耿直的人，不爱听阿谀奉承的话。

有同事对这个秘书说："周秘书，这次你的那套可能不灵了。"

可是这个秘书信誓旦旦地说："放心吧，那套肯定灵。我也肯定能讨得新领导的欢心。"

新董事长走马上任的那天，在欢迎大会上说："我最不喜欢只知阿谀奉承而不切实际的下属，为人应当踏踏实实，而不要刻意奉迎……"

一番话讲完之后，周秘书马上站了起来："像董事长这样高风亮节的人在公司中能有几个？能成为我们的领导，实在是我们的荣幸。"

新董事长听后，面露笑容，微微点头。坐在主席台下的员工们也都露出了会心的微笑。

赞美有时要换种方式

有些时候，领导听多了下属赞美、奉迎的话，就容易感到缺乏诚意，有些索然无味了，就算有人当面把他夸上了天，他也觉得不够味，似乎对赞美、奉迎有免疫力了。这种情况下，要想让赞美能深入领导内心，就要换一种方式了。

温涛是一家大型国企的业务总经理，有才能，公关能力强，为单位赚取了不少利润，被单位最高领导层视为单位的中流砥柱。他本人也自认为是单位的大功臣，为单位立下了汗马功劳。

刚开始，每当温涛谈成一笔生意的时候，听到下属们的交口称赞，他内心非常高兴，心里飘飘然。可是时间一长，他听够了这些如出一辙的赞美话，认为这样的赞美太单一，而且也缺乏诚意，所以再听到下属们赞美的话时，他面无喜色，甚至会表现出一丝不开心的样子。这样一来，下属们顿时不知所措，不知道是该赞美，还是该默不作声。

业务部有一个叫李艳的业务员，很机灵，很会看事。一次温涛又一次成功谈成了一笔大交易，在庆功会上，李艳在公司其他部门的同事面前高调赞美起他们的业务经理温涛来："我们头儿，业务真是有一套，非常有能力，而且为人低调，不爱张扬。跟这样的头儿做事，能学到很多东西，真是三生有幸，我们一定会好好学习，好好干。"

几天后，这段赞美的话传到了温涛耳中，这一回他显得非常开心，满意地说："像这样工作努力而又谦虚的员工，才是我们单位大力培养的目标啊！"

后来，在工作中，李艳受到了温涛的多方面照顾，业绩也顺风顺水起来，逐渐成了单位的业务骨干。

李艳没有走"寻常路"，她见上司不喜欢当面赞美这种方式了，就想办法换了个方式赞美，从当面赞美换成背后赞美，最终成功赢得了上司的欢心，为自己的事业拓宽了道路。

赞美一个人，当面说和背后说效果不一样。背后赞美要远比当面赞美效果好得多。当面赞美，往往有奉承和讨好之嫌，可能吃力不讨好，起不到应有的效果，但是背后赞美则会让对方感觉你是出于真诚，是真心赞美，从而对你产生好感。

作为下属，在准备赞美上司时，如果感觉当面赞美不合适，可能会招致其他同事的轻蔑，或被上司认为缺乏诚意，那就不如等上司不在场的时候，再适度夸奖一番。这样既避免了上述当面赞美的弊端，又显得特别有诚意。等这番赞美传到上司耳中后，你的好运可能就快要来到了。

好感话术

 我们的设计总监可有天分啦！她经手的作品还从来没有被客户退稿过。

 哦，是吗？那我一定要认识认识她，签约的时候请一定要带她来。

这样给领导提意见，领导更愿意听

一般来说，上班族都要尽量在上司面前管好自己的嘴巴，避免"祸从口出"。在职场，说话直白被视为是不成熟的典型表现。即使在给上司提意见时，也要注意说话一定要婉转，避免直白和粗鲁。

当表达不同的观点时

提意见时，你如果对他们说"您难道不知道吗？"通常会让他们很恼怒，这种情况下，无论你提的意见多么重要，通常都会遭到否决。更为严重的是，领导会对你产生坏的印象。但是如果你试着说"您或许不知道这个"，则会让他感到受到尊重，进而产生放松，甚至是愉快的心理，从而愿意接受你的意见。

诸如此类直白和委婉的话语的对决经常在职场中上演，比如，"这不是我们的错……"老板一听到这样的话肯定会暴跳如雷，因为这句话的言外之意是"不是我们的错，而是你的错"。试想一下，哪个老板听到这样的话会无动于衷。即使错误真的不在你们这边，话也不要这样说。

可试着这样说："在这件事上，我们肯定做得不够，也确实有改进的空间，同时，我们也希望领导……这样对公司发展极为有益。"这样一说，相信老板本着为自己好，为公司发展着想的出发点，会认真考虑你提出的意见，至少不会大动肝火。

再比如说"这是不可能做到的"或者"这个决定是缺乏远见的"等，就算事情真的如此，任务真的无法达成，也不要如此直白地表述出来。一方面，这种说法似在告诉你的上司，你无法胜任此项工作。尽管这项工作难度很大，但是你的上司可能不这样想，他通常会把责任推到你身上。另一方面，此类意见似乎在指责上司缺乏判断力，眼光有误。

这样的话，上司自然会不高兴。如果你这样说："这项工作完成起来有些难度，不过可以朝着这个方向努力。"抱着商量的态度提意见，相信上司是不会大动肝火的，甚至有可能对你留有好印象。

当质疑升迁的人选时

职位升迁是公司内很敏感的事，如果公司提拔了你的同事，而你却认为应该提拔你，于是你气呼呼地找到上司问："为什么提拔他而不提拔我？"这种直白的表述会让上司认为你在指责他的人事调整是错误的。

实际上公司在决定给一些员工升职的时候，一定会考虑其他员工，特别是能力差不多的员工的反应。因此，在决定提拔他而没有提拔你的时候，上司肯定是已经权衡过利弊了。此时如果你这样直白地问询，不但不会达到你想要的结果，反而会惹怒上司，给自己带来不利影响。

如果确实有问询的必要，可以委婉地说："领导，我在公司已经工作了三年，兢兢业业，不敢说有多大的功劳，苦劳还是有的。现在我已经积累了丰富的经验，正想大展身手，为公司做更大的贡献，而且我还制订了一个有利于公司的发展计划，我想公司能否给予我一个平台好让我有机会开展我的计划？"

相信任何一个上司听了这番入情入理的建议都会认真考虑的，因为对于领导来说，公司能否获得发展是最主要的，是他所有工作的核心。一语中的，会让你有翻盘的机会。

当无暇应接额外的任务时

当你正在为手里的工作忙得焦头烂额的时候，你的上司又给你分配了新的任务，不高兴的你如果直白地说："我手里的工作还没有完成，把新任务交给别人吧！"上司肯定会不高兴。如果你说："我知道新任务很重要，但是我手里的工作也很重要，我们不妨先优先完成手里的工作，然后再去做其他工作。"这样一说，上司会知道你的工作量很大，而且也会清楚你手里的工作也很重要，如果新任务不是非你来做不可的话，相信上司会将新工作交由他人或延期处理。

总之，在跟领导提意见时，一定要注意表述的方式，注意言辞恳切，语气委婉，力求说到领导心里去，打动领导。直白乃至粗鲁的表述通常不会得到你想要的结果，因此，一定要避免这样的表述方式。

好感话术

余总，我之前做过一些IP孵化，正好咱们公司也要开展这方面业务，我也想尽一份心力。就目前的情况来看，创意是比较新颖的，但如果设定再精准一些的话，成功率会更高。对此我有一些不成熟的建议，请余总过目。

IP优化意见.pptx
29.0 k

好，就按你说的办。

这样给领导纠错，领导更愿意改

领导自有领导的尊严和面子，作为下属一定不要随意"侵犯"，防止惹恼领导，给自己带来麻烦。但领导不是圣贤，即使是圣贤，也有犯错误的时候。当领导发出不恰当的甚至是错误的指令时，作为下属该如何应对呢？

对于领导的错误能否置身事外？

听之任之，显然不合适，也不符合作为公司一员的职业操守。那么就只能想办法纠正领导的错误指令。

显然直白地指出领导的错误是不可取的，先不论你的纠错是否能改变领导的指令，挽回损失和影响，就是你的这种简单粗犷的纠错方式就不被大多数领导所接受。可能不等你说出你的想法和建议，对方就已开始大发雷霆，将你赶了出来。只因为你简单粗犷的方式让他们的自尊心受到了伤害，他们感觉丢了面子。

因此，在给领导纠错的时候，一定要讲究方式方法，顾全到领导的尊严和面子，注意给领导台阶下，只有这样，他们才可能欣然接受你的意见，愿意改正自己的错误。

给领导纠错的正确方式

那么，面对领导的错误指令，作为下属，该如何恰到好处地纠错呢？下面的方式被证明是行之有效的，不妨根据实际情况借鉴一下。

适时提醒。有些时候，领导发出不恰当甚至是错误的指令，可能是不了解，或者不熟悉某一方面情况而导致的。这种情况下，你要适时提醒。多数领导会在了解清楚情况后，收回或者修正指令。在提醒的时候，注意语气要委婉，不可过于直白，以防触怒领导，好事变坏事。

合理推辞。有时面对领导不恰当的指令，可以采取推辞的方法委婉拒绝。采用这种方法时，一定注意要找到一个合理的推辞理由。可从职责范围出发找理由，也可以从个人特殊情况出发找理由，还可以从当时的具体情况出发找理由，无论从哪一方面找理由，都要尽量让理由真实和充分，不要生硬拒绝。

巧妙暗示。面对领导发出的不恰当指令，如果感觉不能执行或者无法执行时，可以采取暗示的方法让领导意识到此指令不恰当，从而主动撤回。在暗示的时候，要注意不能过于直白，可旁敲侧击，巧妙点明，以保全领导颜面。

无奈拖延。有些不恰当的指令，如果你不管对错，照章执行，就可能铸成事实上的过错。对此你可能不需要承担责任，但毕竟是一种损失，所以这种行事方式不可取。对于这种指令，如果上述的几种方法都不管用，那么可尝试一下拖延法。就是先不去执行指令，将事情晾上一段时间再做处理。有些时候，你拖延一段时间后，领导的头脑冷静了，或者有了新的认识，就可能否定原先的想法。这个时候，领导还可能感激你的拖延。

好感话术

余总，您的这个想法确实高明！但我资质愚钝，还是有一点不太明白，请您明示……

嗯……这个问题确实很关键，一时半会也讲不明白。这样吧，你先去忙别的事，等有空的时候我们再详细讨论。

以请教的口吻汇报工作，领导最爱听

作为下属，可能经常要向领导汇报工作。汇报工作是很有讲究的，如汇报不得法，很容易在领导面前受挫。向领导汇报工作时，很关键的一项是，一定要注意态度和措辞。如果态度、措辞有误，即使应该通过的事，也可能遭遇"流产"。

向领导汇报工作的大忌

陶娜大学毕业后被招进一家事业单位工作，由于业绩突出，再加上性格活泼开朗，所以很受领导的重视。工作满一年后陶娜被提拔到一个重要岗位，逐渐成为单位的主力干将。

后来，单位换了新领导，新领导上任伊始，就将陶娜叫了过去："小娜，你业务能力强，经验丰富，能者多劳，这几个业务还需要你费心盯一下。"受到新领导的夸奖和重视，陶娜心里美滋滋的，她决心要好好干，力争做出更大的成绩。一次，陶娜要带几个人去临近的城市和一个重要客户谈判。在出行工具的选择上，陶娜有些拿不定主意，坐客车吧，一是不方便，二是人也受累，可能会影响到谈判效果；坐出租车吧，一辆坐不下，两辆费用又太高。权衡之下，陶娜决定包一辆车，既方便又实惠。

想好了，陶娜并没有直接去办理，几年的职场生涯让她深深明白，遇事向领导汇报的必要性和重要性，于是，她敲响了领导办公室的门。

"刘局，明天我们需要到 A 市去见某某，坐客车去吧……所以，我决定包一辆车去！"陶娜汇报完毕，满以为领导会满口答应，却发现不知何时领导的神情变得异常严肃起来。陶娜话音刚落，领导就说道："是吗？我却认为你的方案不太好，你们还是坐客车去吧！"

"什么？这怎么可能？"陶娜感到很惊讶。她不理解领导为何有这样的反应和回答，在她看来，如此一个合情合理的建议就这样被简单地否决了，简直是毫无道理。

实际上，不是陶娜的方案不好，而是她向领导汇报时所说的话不对，她说"我决定包一辆车去"，而在领导面前说"我决定如何如何"是最忌讳的，因为既然决定了，又何必请教呢？又置领导于何地位呢？所以领导是很不喜欢下属以这样的口吻向他汇报工作的。

那么下属该以怎样的口吻向领导汇报工作呢？事实证明，下属以请教的口吻向领导汇报工作是最合适的。

以请教的口吻汇报工作

首先，每个人都有渴望被请教的心理，都希望别人因为某些解决不了的事情而向自己请教，这样才能显出自己的重要性。作为领导，这种渴望尤其明显和强烈。

如果陶娜当时这样说："刘局，现在我们有三个选择，各有利弊：一是坐客车，好处是实惠，但是人受累，且可能影响谈判效果；二是打车，好处是方便，但费用高；三是包车，费用比打车费用低，而且很方便，因此我个人认为包车可行。您经验丰富，帮我们做这个决定，可以吗？"

这样一番请教性的汇报，相信领导听后，心里会十分受用，也定会做个顺手人情，答应对方的合理请求。

每个人内心都渴求被别人请教，以突出自己的存在价值，领导的这种渴求要比一般人更为强烈。因为作为领导，更需要彰显自己的存在价值，请教式的汇报完美地满足了领导的这种渴求欲望，让他们的领导价值显露无余，很容易获得他们的认同和欢迎。

因此，在向领导汇报工作时，请多以请教的口吻汇报，特别是在涉及做决定时，更要以请教的方式征求领导的意见，让领导做决定。如能获得领导的支持，不但会使事情顺利推行下去，而且还会让领导对你留有好印象，何乐而不为呢！

好感话术

关于这次讨论，我们得出两种结论。大多数人支持薄利多销，但我还是觉得应该保留一两个高档品来打品牌，您觉得呢？

你说的没错，大方向要顺应市场潮流，但细节的产品结构也不能太单一。

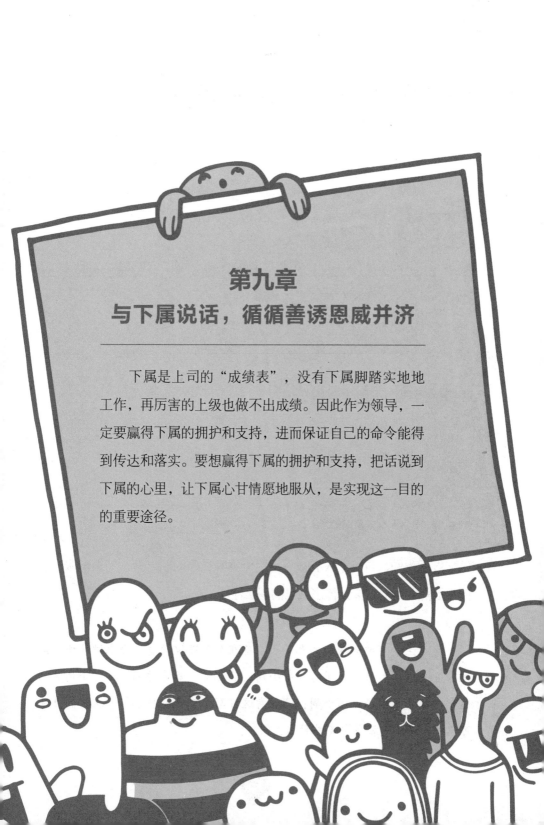

第九章
与下属说话，循循善诱恩威并济

下属是上司的"成绩表"，没有下属脚踏实地地工作，再厉害的上级也做不出成绩。因此作为领导，一定要赢得下属的拥护和支持，进而保证自己的命令能得到传达和落实。要想赢得下属的拥护和支持，把话说到下属的心里，让下属心甘情愿地服从，是实现这一目的的重要途径。

用商量的语气下命令，下属更愿接受

任何人都不喜欢别人用命令的口吻与自己说话，即使有些时候不得不接受，但心里也很不爽。己所不欲，勿施于人。因此在和别人交流时，尽量不要用命令的口吻，而应用商量或者请求的口吻说话，这样不但容易让对方接受，自己也会心情愉快。

商量的语气让下属更有积极性

由于身份和地位等原因，很多领导常常喜欢以命令的口吻和下属说话，虽然表面上下属满口答应，连连称是，但心里未必真的认同你的做法，可能对你的为人和做法大有意见，只不过不敢发作而已。

要想让下属心悦诚服地执行命令，领导最好不要用命令的口吻说话，而应以商量的语气来与下属交流沟通，让下属有一种被尊重的感觉。心理学家告诉我们，当一个人有被尊重的感觉时，他的心里会感到很舒服，心情会很舒畅，他就会发挥出自己的积极性。

A市生态环境管理局的郑局长准备在全市环境动员大会上做演讲。他把准备演讲的大概内容讲给秘书小周，让他写一篇演讲稿。在与小周的沟通中，郑局长不停地问小周："你看这样写是不是妥当？""这样的表述可以吧？是不是还要补充些什么？"

演讲稿写好后，小周交给郑局长检查。郑局长发现一些地方与他要表达的意思不相符，还有些地方表述得不够清楚，于是他把小周叫来："你看这些句子表达的不够清楚，是不是改为……更好呢？"

小周一边听着，一边频频点头。可想而知，小周一定会心悦诚服地按照郑局长的意思完善好演讲稿的。

商量的语气能够引出更好的答案

有些时候，为了发挥下属的主观能动性，给下属更大的发挥空间，使工作向更好的方向发展，在跟下属沟通时，更不宜采用命令的方式。

某公司生产部门的经理将生产监督员找来："假如我们把五号切割机搬到 A 处去，然后再加两个电动卷绕机的话，我们的生产速度还能提高，你们看这个办法可行不可行？"

一天后，这个生产监督员找到生产部门经理，说："我们查阅了资料，又参考了其他机组的相关人员的看法，我们有了一个更好的方法，如果把五号切割机搬到 A 处，然后再加两个电动卷绕机，再另外调来一个中型传送装置，则会让生产效率提高 5%~10%，这个办法应该是可行的。"

生产部门经理没有给生产监督员下命令，而是采用了商量的口吻与之商榷。这显然要比直接下命令的方式的效果好得多。如果仅仅是僵硬地下命令，可能生产监督员就会机械地照令行事，也就没有了后来更好的主意。

这样礼貌的方式能给对方以尊重，使对方在心里舒坦的情况下更愿意接受命令，更愿意献言献策，力所能及地完成好使命。

总之，领导虽然处于发号施令的位置上，但本着让命令顺畅、高质量地执行下去，同时又能让人愉快接受的原则，在下命令时，不宜高高在上、颐指气使，强令执行，而应多以商量、请教的口气与下属交流沟通。

好感话术

 你昨天提的建议，我反复思考过了，觉得可行，但是实施难度有点大，你一个人能应付来吗？

放心吧，余总，在提建议之前我已经跟合作方沟通好了。我马上去安排实施。

造势攻心，让不听话的下属也听话

很多时候，上司能否管理好下属并不在于语言有多犀利、尖刻，而在于形式的巧妙，在于如何去表达。善于管理的上司都善于造势攻心，利用语言营造出特定的氛围，让下属受此特定氛围影响，进而心甘情愿地执行命令。

营造气氛激发危机意识

一个集团公司想抽调几名行政干部去营销部门，其中有一个行政干部不想去，并因此大闹情绪，把部门几个劝说的人都赶跑了。

这个消息被集团公司的董事长知道了，他找来这个行政干部，语重心长地对他说："咱们公司近来按照制度让几位没有能力，又不愿进步的干部闲置起来，做待聘处理。这个情况你不会不知道吧？你有能力，公司希望你到营销部去闯一闯。真金不怕火炼，你到那里一定会闯出一片天地的。"

这名行政干部从董事长的这番话里解读出"危机"来：闲置相当于竞争失败，结果只能有一个，那就是被公司抛弃。他可不想被公司抛弃，因此，他乖乖听从了公司的安排。

公司董事长成功用语言营造出一个人人自危的紧张气氛，让这个行政干部感到自身危机，在这样的心理压力下，他只好听从公司安排。

"望梅止渴"式的鼓励

炎热的中午，一群工人在工棚里休息。休息时间过了，但工人们显然还不想动，想继续休息。工头走了进来，催促工人出去干活。工人惧怕工头，就一窝蜂地走出工棚干起活来。可是工头一离开，他们就又回到工棚休息。

工头知道后，又回到工棚。这次他没有对这群偷懒的工人大发脾气，而是和颜悦色地对他们说："天气好热，坐着都流汗，何况干活呢！但是活一定要干，而且要按时完成，怎么办？只能忍耐一下，往前赶一赶，等干完了，回去洗一个舒舒服服的热水澡，然后再吃点好吃的，好吧！"这样一说，工人们的热情被鼓动起来，都爽快地走出工棚继续干起活来。

工头先告诉工人，这个活是一定要干的，而且还要按时完成，这是做其他事的前提，然后又描述了干完活后美好的场景。这样的造势攻心极为有效地鼓起工人的干劲儿，让他们爽快地出去继续干活。

精明的管理者善于恩威并济，双管齐下：一方面制造紧迫形势，造成压迫感；一方面循循善诱，给人希望。这样，从心理上降服了对方，让下属对他们言听计从，忠心耿耿。

好感话术

最近流量不太好，是不是因为人手不够？我知道，咱们直播部门刚刚成立，目前还在试运行阶段，但是这也是公司今年的重点计划之一。这样吧，我让我的秘书去你部门打下手，反正现在我那也不太忙。

哎呀岂敢岂敢，您的秘书怎么能给我打下手呢？您放心，部门内的问题我一定想办法自己解决，实在不行我就自己上，怎么能麻烦您呢？

这样批评下属，既有效又不结怨

有句老话说："人非圣贤，孰能无过。"即使是圣贤，也有犯错的时候，没有一辈子不犯错误的人。有了错误，就有必要指出来，以便于改正。因此，批评是不可避免的，但绝大多数人都不喜欢批评，特别是那种直言不讳的批评，这就要求批评一定要讲究方式、方法。

工作中，上司批评下属是常有的事，但是也要讲究方式方法，如果直白粗鲁地批评，下属再听话，也会产生不满情绪的，对后续工作将产生不利影响。

那么，怎么才能让上级的批评既有效，又不招致下属的反感，甚至怨恨呢？下面是上司批评下属需要注意的事项，做到了这些，就能最大限度地让批评达到应有的效果。

态度严肃、语气平和

在批评下属时，首先自己的情绪要稳定、平和，要尽量避免在愤怒、烦躁等负面情绪下进行，因为在这些情绪影响下的批评很难做到公正、客观，因此也很难使批评有好的效果。批评应在一种平静、轻松的环境下进行，批评者应态度严肃、语气平和。受批评者也会受此气氛影响，更好地接受批评。

另外，要避免使用"你必须听我的，必须按照我的要求来，否则我……"之类命令、威吓式的口吻说话。这样的话很难让人心悦诚服。

明确指明问题所在

批评下属时，要明确指出下属所犯的过失以及该过失给公司和个人造成的不利影响。一定要明确指明问题所在，这样才能让下属明白自己所犯的过失以及所造成的不利影响，有利于认识和改正错误。同时，也可以让下属明白上司的批评是有的放矢，而不是故意找茬。

对事不对人

批评要本着对事不对人的原则进行，也就是说要批评的是所犯的过失，即具体行为，而不是犯错人的人格特征。如员工经常上班迟到，要批评的是这一行为给公司造成的损失和给公司其他员工造成的影响，而不要指责受批评者自私自利或不负责任。

批评要看时机和场合

谁都有自尊心，即使你是上司，也不能不分时机和场合肆意批评下属，否则极容易伤害对方的自尊心，引起对方的反感和抵触。

一位营长当着全连战士的面批评他们的连长："你这连长是怎么当的？这几件设备怎么忘记带了？办事这么粗心，就是这么做的表率吗？"

连长的脸变得通红，当着全连士兵的面，营长这样批评他，让他觉得很下不来台，他争辩道："这几件设备没带是有原因的，你没经过调查怎么就乱批评呢？我不服！"

事后，这个营长给这个连长道了歉，说自己不该不分场合就乱批评。

允许下属陈述自己的看法

批评下属时，要给其一个陈述自己看法的机会，包括解释过失发生的原因。这样做的目的之一是让下属对批评口服心服。如果事情与你知道的情况有出入，也可以由此获得改正的机会。

工作中，小丁犯了一个很大的过失，他把客户订的两千元的货，错发成了三千元的货，而这个客户却不承认收到了三千元的货。在周一开例会时，小丁做好了挨批评的准备。果然经理提到了这件事，他问："小丁，你平时工作一贯仔细认真，这次肯定是有什么原因吧？你说一说。"

原来小丁远在老家的母亲病重住院，而他又由于工作关系，不能回去，所以精神有些恍惚，导致工作出现了差错。小丁将情况如实汇报了，然后跟经理说错误是他造成的，损失由他来赔偿。

对于小丁的情况和解释，经理表示了理解和接受。按照公司规定，这次损失由小丁一人负责。同时，本着人性化管理要求，公司决定给小丁带薪休假一周，让他回家看望母亲。对这样的处理决定，小丁表示愿意接受。

批评中要有指导

批评下属时，不能单纯指出问题就完事，完整的批评应包括对改正错误的指导和对犯错者的鼓励。批评中，可以让下属谈谈对错误的认识，然后再就下属改正错误的计划发表一下自己的意见。

另外，不要忘记对犯错者进行必要的鼓励，以帮助他重拾信心，继续奋斗。

批评是一门艺术，需要讲究一定的技巧，特别是这种上下级的批评很敏感，处理不好不但不会起到批评的效果，反而可能会招致下属的反感，甚至是怨恨。因此，作为领导者，在批评下属时，一定要讲究方式、方法，力争让批评起到应有的良好效果。

好感话术

 怎么有个上海客户中止合作了？谁的客户自己站出来解释一下。去向客户赔个不是，把合同续上，我可以当作无事发生，否则不论是谁，一律按规定处置。

余总，这可能是个误会，我马上去跟客户接洽一下。

这样表扬下属，美了对方成全了你

作为领导，表扬好下属体现了领导的管理水平。掌握、运用得好，会让下属言听计从、忠心耿耿，甚至感恩戴德；掌握、运用得不好，不但起不到应有的作用，反而可能会适得其反，造成不必要的麻烦。那么如何表扬下属才会有好的效果呢？

适时鼓励、表扬

高明的驯兽师都知道，动物在成功表演完毕后，都必须要给予鼓励或表扬，比如可以说一句鼓励它的话，拍拍它的脑袋，也可以给它一点儿它爱吃的东西。

实际上，人比动物更需要鼓励和表扬。作为领导，在知道了下属有好的表现后，要及时对下属进行鼓励或赞扬，如"干得不错，继续努力！""表现非常棒！""很好，很棒！"这类话会让下属很高兴，很受鼓舞，从而做起事来干劲十足。

一家公司近年的业绩非常好，可说直线上升，业内很多朋友对此十分好奇。在百般追问下，该公司的老板终于道出了秘密："没什么，我只是在员工取得成绩的时候衷心地赞扬他们而已。"

作为领导，要及时去发现下属有什么值得鼓励或者赞扬的事，发现后要及时给予鼓励和赞扬。即使仅仅是极其微小的进步或成绩，也要给予肯定和赞扬。这样既能促使他们不断进步，让他们为公司、为你做更多的事情，同时，也能让他们对你、对公司心存感激。

小事要大赞美

小事只是相对的，严格说来，世上没有小事，因为在一定条件下，小事会转变成大事。生活中，很多人不愿意因为小事或小成绩去赞美别人，认为那是小事一桩，不值得赞美。但是要知道小事不小，特别是在职场中，作为领导，如果能从小事上适时给予下属高调赞美，则会在下属的心里激起波澜，进而改变其心理，再进一步改变其行为，从而影响其一生。

一天，刚入职不久的小王发现公司卫生间里的水龙头漏水。第二天，他从家里拿来维修工具，利用中午午休的时间修好了漏水的水龙头。

没想到这件在小王自己看来举手之劳的小事，传到公司总经理那里却引来了"轩然大波"。一向在员工眼里沉稳的总经理知道这件事后不再沉稳，他马上下令召开了一次全体员工大会。

在会上，总经理当着所有员工的面，把小王义务修漏水水龙头一事说了一遍，然后把小王请到了主席台，大力表扬了一番，并号召全体员工向小王学习："作为一名普通的员工，能够将公司与自己无关的利益放在心上，能够将公司的事当作自己家里的事一样对待，这说明了什么？说明了他心中有公司，这是视公司为家的敬业精神，这种精神是极为可贵的，我们所有人都要向他学习，也希望小王再接再厉，继续做我们的好榜样！"

坐在台下的员工见老总召开大会只为了表扬一下做了一件普通小事的员工，觉得实在有些小题大做，甚至怀疑老总是在"作秀"，因此都有些不以为然。但这件事却给当事人小王带来极大的心灵撼动——"原来自己这么伟大！"

自此，小王的工作热情被引燃，他真的如公司总经理所言视公司为家，将公司的事当作自己家的事，事事为公司着想，尽忠职守，任劳任怨，逐渐成了公司的中流砥柱，这一切只缘于公司总经理在大会上所讲的那一段赞美和鼓励的话。

有人说："我就愿意表扬，我在表扬人方面显得极为慷慨大度。"作为领导，要有这种胸襟和态度，要培养这种习惯，因为这种态度和习惯不但会成就对方，也会成就你。

好感话术

 呦，这几天的数据不错啊！看来这个月的奖金非你莫属了啊！

哪里哪里，这不是领导上回教我那几招的功劳吗？我一定不负领导对我的栽培。

坏消息这样传达，可以避免伤感情

作为领导，不可避免地会遇到向下属传达坏消息的情况。比如，告诉下属被降职或解雇了，或者通知下属辛辛苦苦做的策划书被否决了，再或者当面批评下属工作态度和工作方法不正确等。

谁都愿意传达好消息，而不愿传达坏消息。向下属传达坏消息，下属内心肯定会极不舒服，这时，如果措辞不当，甚至语气不对，都有可能引来下属的反诘，甚至恶语相向。因此在向下属传达坏消息时，一定要注意措辞和语气，避免伤感情，这样下属才可能更愿意接受。

关于方案批复的问题

当已经通过的方案因某种原因需要更改时（注：此方案是下属辛辛苦苦、通宵达旦熬夜做出来的），作为上司如何向下属传达呢？此时，一定要考虑到下属的情绪，毕竟辛辛苦苦做出来的东西被否决是一件让人难受的事，因此，不要说"否决就否决了吧，只能重新再做一个了"，或者"不关我的事，是公司领导一致决定的。我也没有办法！"

此类话语会伤下属的心，让对方觉得愤懑，此时，应站在下属的角度宽慰对方："真是抱歉，可能公司领导有其他更高层面的考虑，才否决了这个方案。不过你的付出，公司领导都看在眼里，记在心上。我们再接再厉，力争做出更好的作品。"这样下属就会得到宽慰，也就"乐意"接受眼前的现实了。

下属精心做好的提案交给你审阅，而你答应看一下，可是由于工作太忙，或者其他什么原因，你把这件事给忘了。两周以后，当下属问起此事时，你才突然想起来，此时最应该做的就是表示歉意，然后诚恳说明回复的时间。

可以这样说："这件事我给忘了，真是不好意思。这样，再给我一周的时间，我肯定给你一个满意的答复。"下属最初一听你还没看，可能很生气，但后来听到你诚恳的道歉以及切实的保证，也多半不会再生气了。

如果这项提案需要提交更高领导审阅，你也及时把提案提交上去了，当下属问起此事时，你可以如实说明情况，多半会取得下属的谅解。如果上面已经审阅过了，并否决此项提案，你也要向下属如实说明情况，取得下属的谅解，避免伤及感情。

关于辞职或辞退的信息

最让领导为难的是向下属传达降职或辞退的消息，因为这类消息对下属的刺激甚大，下属的情绪肯定会大受影响，变得极为难受。因此，在向下属传达此类消息时，一定要态度温和，耐心安抚，可以本着从公司利益和个人利益两方面的考虑劝解对方，让对方理解并支持公司做出的这个决定。

可以这样说："请谅解公司所做的这个决定，毕竟公司有公司的难处，相信公司也不愿意做出这个决定。你的努力有目共睹，但可能由于某些原因和变化，现在这个职位不太适合你，这一点也需要你多多理解。在新的岗位，也一样能有用武之地，因此不必过于忧心。另外，为了弥补给你造成的伤害，公司给你三个月工资补偿，希望你能接受和理解。"

即使下属不愿接受被降职或者辞退的决定，但在你这番通情达理的劝解下，也不好再说什么，甚至可能对公司及你所采取的温和措施充满感激。总之，要本着不伤感情的处理原则，积极与下属沟通，争取取得下属的理解和支持，为下一步工作做好感情铺垫。

好感话术

我这里有一个坏消息和一个好消息，坏消息是直播部门解散了，好消息是我可以推荐你去另一家新媒体公司，那的待遇要更好一些。

好吧，既然如此，我也没什么好说的了。但愿我们各自前途顺利吧！

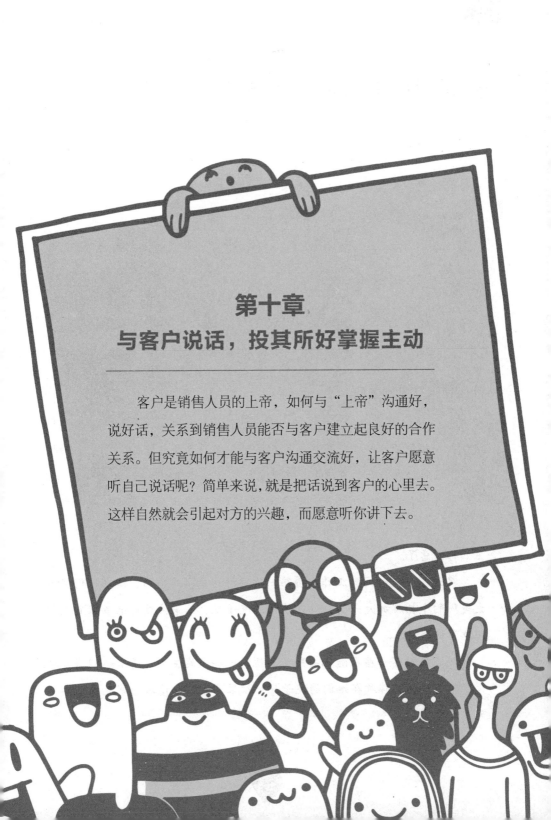

第十章
与客户说话，投其所好掌握主动

　　客户是销售人员的上帝，如何与"上帝"沟通好，说好话，关系到销售人员能否与客户建立起良好的合作关系。但究竟如何才能与客户沟通交流好，让客户愿意听自己说话呢？简单来说，就是把话说到客户的心里去。这样自然就会引起对方的兴趣，而愿意听你讲下去。

利用"得寸进尺效应"套牢客户

当我们在线下选购衣服时，售货员往往都非常热情，不厌其烦地为顾客推荐各种款式，服务非常周到。即使你只是随便看看，并没有买衣服的打算，他们也会极力建议你挑几件试试。当你试过之后，大概率会买一件，而不试的话概率就小得多，出现这种情况的原因就是"得寸进尺"效应。

什么是得寸进尺效应

1996 年，美国一心理学家协会做了一个实验：他们派工作人员随机拜访了加利福尼亚州一些居民区的家庭主妇，工作人员请求这些家庭主妇将一个小招牌挂在自家的窗户上。绝大多数家庭主妇都欣然同意了这个请求。

过了一段时间，工作人员又一次拜访这些家庭主妇，这次他们请求将小招牌更换一下，且新的招牌比原来更丑，同上一次一样，绝大多数家庭主妇都同意了。

又过了一段时间，工作人员第三次拜访这些家庭主妇，请求她们将不太美观的小招牌加大一些，放在她们的院子里，结果依然有很多家庭主妇同意了这个请求。

他们又派了一些人随机去拜访其他的一些家庭主妇，请求她们将一块大且不美观的招牌放在她们的院子里，结果同意这个请求的家庭主妇寥寥无几。

根据这个调查，心理学家得出一个结论，那就是如果一个人一旦接受了一个小要求，那么当对方提出更高的要求时，这个人会倾向于答应这个更高的要求。这个心理规律就是"得寸进尺效应"，也叫"登门槛效应"。

得寸进尺效应在销售中的应用

作为销售人员，在销售中如果能掌握并利用好这个效应，就能很好地帮助他们降低被人拒绝的概率，并更快达成销售目的。

茉莉和闺蜜约好了在新世纪商场见面。茉莉早到了一会儿，为了打发无聊的等人时间，她便随意去商场的时装区转了转。

"美女，进来看看，这是今年最流行的款式，看看喜欢吗？"一品牌时装专柜的导购小姐满面笑容，向她热情招呼。

"嗯，不错，不过我不是来买衣服的，只是随便看看。"茉莉回应道。

"没关系，美女，不买没关系，进来看看。"导购小姐又一次热情地发出邀请。

茉莉想想也是，只是看看而已，不买就是了，于是就走进这家品牌时装专柜。

"美女，我看这一款特别适合你，流行的款式配上你的优雅气质定会非常惊艳。来，给你，穿一穿，试试效果。不买没关系。"导购小姐显得很热情。

茉莉想想也是，试一试也不是一定要买，于是就接过导购小姐递过来的衣服走向试衣间。

过了一会儿，茉莉穿好衣服从试衣间走了出来。

"看看，我说的没错吧，你自己看看，你穿上这件衣服，多漂亮，多有气质，仙女下凡似的。"导购小姐一脸的惊讶和欣喜。

"是吗？我看看。嗯，是不错。"茉莉在试衣镜前转来转去。

最后，茉莉在闺蜜来之前，买下了这件本没有打算买的衣服。

这里，导购小姐极好地利用了"得寸进尺效应"，把销售目标分解。先是诱导茉莉答应进店看看，然后又要求茉莉试穿，一步步将茉莉引进她精心设下的"销售圈套"，最后成功劝茉莉买下了这件价值不菲的衣服。

这个方法特别适合用在那些爱贪小便宜又好面子的人身上，因为爱贪小便宜，所以容易答应那些小要求；因为好面子，等一步步深陷其中时，再想"毫发无损"地退出，又感觉不好意思，于是只好花钱买教训了。

好感话术

 抱歉先生，会前下发的书籍是会议展示的资料，如果您喜欢的话可以五折优惠购买。

好的，这边扫码就可以了吧？

与客户取得共识，引导客户思维

　　通常情况下，客户对陌生的销售员有一种抵触情绪，存有一定的戒备心理。这种戒备心理有碍于双方的有效沟通。作为销售人员，如果有办法消除这种抵触情绪，和客户取得共识，使客户乐于与自己交谈，则无疑会推动销售向前发展。

　　那要怎样才能和客户取得共识，让客户乐于与自己交谈呢？那就要找到客户感兴趣的东西，然后"诱惑"客户打开话匣子，再逐渐将话题引向自己想要谈论的事情。

用客户感兴趣的事引导话题

　　《黑人文摘》的创办人约翰逊把森尼斯无线电公司列为自己的广告客户，于是他给该公司的总裁麦克唐纳写了一封信，信中表达了自己的这种请求。麦克唐纳回信中告诉约翰逊他不主管公司的广告。

　　约翰逊不甘心，他想：如果作为公司总裁的麦克唐纳不管广告，那会管什么呢？经过一番调查，约翰逊了解到，麦克唐纳没有说实话，作为公司总裁，广告业务是他主抓的工作。在得到这个信息后，约翰逊又一次给麦克唐纳写了封信，信中再一次要求和对方见面。

　　麦克唐纳很快回了信，说他同意见面。但他告诫约翰逊在他们的谈话中约翰逊不能说在杂志上登广告的事，否则他会立即终止谈话。

在见面之前，约翰逊找来了所有记载麦克唐纳信息的资料进行深入研究。通过这些资料，约翰逊发现麦克唐纳是一名资深探险爱好者，而且还获知黑人探险家汉森是麦克唐纳最为敬佩的探险人物。

了解到这些情况后，约翰逊先让人找到汉森，请他在其出版过的一本探险书上签上名字。接着，约翰逊又让人在即将要出版的一期《黑人文摘》上写一篇介绍汉森的文章。

做完这几件事后，约翰逊和麦克唐纳见了面。俩人一见面，麦克唐纳就说道："你看这双雪地靴，它可是汉森送给我的。他还出过一本探险书，你看过没有？"

约翰逊马上回答说："当然看过，谁会不看这么有趣的作品呢！我这里还有他亲笔签名的这本书，是送给您的。"约翰逊一边说一边将书递给麦克唐纳。麦克唐纳将书接过来，一边翻看一边说："我认为你们的杂志应该介绍像汉森这样优秀的黑人探险家。"

约翰逊马上又说："是的，正如您所说，这样优秀的黑人探险家，我们怎么能放过。"说着，将刊登有介绍汉森文章的刚出的杂志递给麦克唐纳。

麦克唐纳感到很惊奇，他翻看了介绍汉森的那篇文章，看后显得非常高兴，并对手里的杂志进行了一番赞赏。约翰逊告诉麦克唐纳《黑人文摘》是一份志在介绍像汉森这样敢于迎接生活挑战、不甘平庸的英雄人物的刊物。听完后，麦克唐纳沉思了一会儿，然后对约翰逊说："我想了一会儿，实在找不到我们公司不在你们杂志上登广告的理由，所以我决定在你们杂志上刊登广告，我非常愿意这样做。"

这个事例中，约翰逊就是先找到了客户感兴趣的东西，和客户取得了共识，然后再巧妙地将话题引向自己要谈论的事情。

顺着客户的思路，借机推销自己的产品

很多时候，客户有自己的想法，如果客户的想法有可取之处，不妨先接受他的想法，和客户取得共识，然后再找机会推销自己的产品。

有两个同一厂家的洗衣机推销员，第一个推销员来到一户人家，正巧这户人家的女主人在用一台老式的洗衣机洗衣服。推销员就说："太太，您看这台洗衣机多旧了，费电费水费时间，换一台新的吧……"

"不要再说下去了，告诉你，这台洗衣机非常耐用，到现在都没有故障，新的洗衣机就一定比它强？我看不见得，你还是走吧！"女主人很是生气，将这个推销员赶出了家门。

过了几天，第二个推销员也来到这户人家，也正巧赶上女主人在洗衣服。女主人想起前几天那个让她很生气的推销员，就对眼前这个推销员说："这台洗衣机很耐用，从来没有出过故障。"

第二个推销员顺着女主人说："看来，这是台令人怀念的旧洗衣机，因为很耐用，所以对太太有很大的帮助。"

女主人很高兴，顺着推销员的话茬说："不错，用了很久，很耐用，我对它很有感情。"

推销员又说："不过毕竟是很旧了，费水费电，而且还费时间，我想您是否考虑该换台新的了。"

女主人想了想，虽然没有立刻认同推销员的话，但还是耐心地听他说下去。于是，推销员开始向这位女主人介绍起自己所推销的洗衣机，并最终完成了订单。

第二个推销员适时表达了对这位女主人想法的认同，之后又顺势引导了女主人的思维，成功掌握了谈话的主动权，最终推销成功。

好感话术

这位先生，您说得一点都不错，买空调最重要是看它的制冷量，根据您的房屋空间，推荐您选择1.5匹的空调。

好吧，那就安排师傅安装吧！

找准突破口，一击打开客户心扉

大多数时候，向陌生人推销产品是有一定难度的。在这种情况下，作为销售人员，就要设法找到突破口，打开客户的心扉，以促使事态向有利于销售的方向发展。

销售跨行业产品的突破口

宾夕法尼亚州菲德尔菲电力公司的销售人员维普，有一次去宾夕法尼亚州郊外开展电气业务，他看见郊外有一幢十分宽敞的农舍，就上前准备拜访这家主人。农舍的女主人卜普德打开了门。

卜普德隔着打开的门打量维普，维普礼貌地将自己的身份和来意告诉了农舍的女主人。但是让他感到意外的是，卜普德听后，一言不发，而是用力将门"砰"的一声关上了。维普不知道怎么回事，又敲起门来，卜普德却没有再打开门。

维普打听到这家女主人养小鸡很成功，有一定的规模，卜普德对此引以为傲。维普认为销售的机会来了。第二天，维普又一次敲响了卜普德家的大门。

卜普德把门打开后，见又是维普，就想把门关上，维普急忙说："您好，卜普德太太，上次冒昧打扰您，很不好意思，不过我这次不是来推销电气的，是听说您豢养的小鸡非常棒，而且鸡蛋也非常好，是专程来买一些的，同时，也想向您请教一些关于如何豢养小鸡的问题。"

听完维普的这段话，卜普德太太脸上展现出一丝笑容，她把大门完全打开了，礼貌地请维普来到院子里。

维普迅速看了看院内的鸡舍，然后说道："可敬的卜普德太太，看设施和场地规模，您养鸡赚的钱一定超过您先生赚的钱吧？"

卜普德太太听了，明显又高兴了不少，脸上的笑容也更多了。她长期养鸡没有得到丈夫的肯定，而自己却一直引以为傲，今天听维普这样说，她自然感到很兴奋。她主动邀请维普参观自己的鸡舍，并开始介绍自己的养鸡经验，谈话间，双方聊到了电对养鸡场的好处和必要性。

在谈话中，维普一直赞美卜普德有着聪明的头脑和丰富的经验，而卜普德则高兴地应允着。在这次愉快的参观结束十几天后，维普接到了卜普德太太和她周围的邻居邮寄过来的用电申请书。

维普在直接推销受挫后，通过调查，发现了客户感兴趣的话题，然后就客户感兴趣的话题与客户进行了热聊，从而拉近了与客户的距离，最终成功达到了销售的目的。

销售非必须产品的突破口

很多拒绝某一产品的客户不一定真的就不需要这一产品，有些时候是他真的没有发现该产品对他有什么价值。在这种情况下，就需要销售人员找准突破口，打开客户心扉，以促成交易。

史密斯向一手艺者推销大百科全书："《大英百科全书》内容包罗万象，各个领域的知识都有，你有什么问题都可以请教它，它就像你的智囊团一样随时给你帮助。"

"可是，我真的不需要，我只是个干手艺活的，不需要这么厚的一本书，还有我一看书就想睡觉，你还是到那些需要它的人那里推销吧。"

史密斯问道："我看见外面有一辆小自行车，那是您孩子的？"

客户："不错，是我儿子的。"

史密斯："您的儿子多大了？"

客户回答："6岁了，在上幼儿园大班。"

史密斯："这个阶段的孩子总喜欢问这问那，是吧？"

客户："可不是嘛，也不知道哪来的那么多问题，说实话，多数问题，我都不知道如何回答。"

史密斯："孩子与父母之间十分重要的一件事就是沟通，如果孩子问父母问题，父母回答不了，久而久之，孩子就不会再问了，而这是很可怕的一件事。"

客户："嗯，确实如此。"

史密斯："那您想没想到这种情况可以求助大百科全书啊，如果孩子问您问题，而您又不会，就可以对他说：'让咱们看看大百科全书怎么说吧！'这样可以保持孩子旺盛的求知欲望和勤问好学的好习惯！"

客户："你说得确实有道理！"

史密斯："现在的孩子知识面很宽，他们所要了解的知识有很多是我们父母无法解答的，真的有必要借助一些工具。"

客户："有道理，好，这套大百科全书要多少钱？"

就这样，史密斯成功地向一位手艺者推销了一套大百科全书。

这个手艺者实际上并不是真的不需要大百科全书，只是他自认为自己不需要，自认为大百科全书离自己的生活很远。史密斯的成功之处就是帮助他找到了大百科全书对他生活的意义，这就是史密斯销售的突破口。

好感话术

刚才闲聊时，您说家里还有个上初中的儿子，我想您一定很爱您的儿子吧！孩子青春期需要一定的独立空间，所以我还是建议您选择大一些的三居室。

嗯，你的建议确实很有道理，请帮我申请一下这套三居室的优惠价格吧！

利用"权威效应"让客户乖乖听话

在这个飞速发展的社会，层出不穷的新事物让人眼花缭乱、目不暇接，人们无法一时间辨别某一事物是真是假、是好是坏，这种情况下，多数人选择了相信专业人员的话。

另外，很多人都有相信权威、专家或者行家的心理，这就是所谓的"权威效应"。大科学家爱因斯坦也曾经说过："我每每小声咕噜一下，也变成了喇叭的独奏。"

权威效应是一种"盲目"信任的心理

2008 年 9 月 27 日，股神巴菲特以战略投资者的身份斥资 18 亿港元认购了 2.25 亿股比亚迪的股份，很快，比亚迪的估价最高飙升到了 88 港元！为什么会这样神速？原因就在于股神巴菲特出手认购了，股民就认为这支股票一定会上涨，所以他们果断抢购，这就是"权威效应"。

实际上，相信权威、追逐权威是人们出于一种追求安全的心理需求。服从这些权威或者专家，会使自己的这种追求安全的心理需求得到满足，因此他们都非常愿意这样做。

在一个心理学课堂上，一名心理学家给自己的学生介绍了一位从外校请来的专家。他告诉学生这名专家是从国外回来的，做过很多著名的化学研究，发表过一些很有影响的学术论文。这次是校董事会为了提升学校的化学科研水平才高薪聘请过来的。学生们表示了热烈欢迎。

在一节化学课上，这名化学家郑重其事地拿出一个装有澄明液体的瓶子，告诉学生，这是他新发明的一种化学物质，有一种特殊的气味。他打开瓶盖，让在座的学生闻一下，然后说："闻到味道的同学请举起手。"

结果很多学生举起了手。最后，这名化学家遗憾地告诉这些学生，实际上这个瓶子里装的液体只是普通的蒸馏水，而并非有什么气味的化学物质。那么，为什么明明是无味的蒸馏水，却有那么多学生闻出味道来了呢？答案很简单，就是因为听说发明这种新物质的人是一名业内知名的专家。

这个事例说明了很多人都有很强的相信专家的心理倾向。虽然很多时候这种信任和认可是盲目的。

权威效应更容易取信于客户

同时，这种"权威效应"也让一些销售员意识到在和客户交流时要采用专业性话语，以求吸引住对方。

一家运输公司原本计划购买一辆载重4吨的大卡车，可出于节省成本的需要，想买一辆载重2吨的卡车替代。销售人员了解这一想法后，跟客户做了一番如下的沟通。

销售人员："贵公司需要运输的货物重量是多少？"

客户："这个不固定，绝大多数在2吨左右吧。"

销售人员："意思是有时多，有时少，是吗？"

客户："对，可以这么理解。"

销售人员："事实和理论告诉我们，选择哪种载重量的卡车，一方面要依据所要运载的货物重量，另一方面需要看要在什么路况上行驶，如果

178

冬天在丘陵地区行驶，那么汽车本身的压力要比平时大。"

客户微微点头："我们的车多是在那样的环境下行驶的。"

销售人员："哦，好的，贵公司需要运输的货物载重量一般在2吨左右，如果超过了2吨，冬天在丘陵地区行驶，汽车就会处于超负荷的状态。所以，您认为是不是应该留有一些余地比较好呢？而且还可以延长汽车的使用寿命。"

客户沉思起来："那您的意思是……"

销售人员："将使用寿命和价格综合起来考虑，我这里有关于卡车载重量和使用寿命以及价格的对比表，您可以看看。"

客户："好，我看看。"

最终，这个客户买走了一辆载重4吨的卡车。

这个销售员采用了专业话语吸引住了客户，并取得了客户的信任，最终成功将一辆载重4吨的汽车卖给客户。

从中可知，作为销售人员，一定要充当起专业人员的角色，给客户以专业的业务介绍和解答，这样才能最大程度取信于客户。

好感话术

 我们旗下的咨询老师都是行业内的精英，比如这位章老师，已经有25年从业经验，发表过7篇学术专著呢！

哇！那真是太好了。请问预约这位章老师需要多少费用？

保全面子因势利导，让异议变满意

事实证明，在很多时候，如果直面地指出他人所犯的错误或者过失，会让对方感到颜面尽失，心里不舒服。即使错误真的是自己犯下的，也可能不予承认，百般狡辩，甚至还会与你发生激烈争吵。总之，就是不想既失尊严，又失金钱。这样往往会使事情陷入停顿，不利于事情的顺利解决。

这个时候，如果能根据实际情况，在保全对方面子的情况下，因势利导，让对方逐步认识到自己所犯的错误，对方极有可能会幡然悔悟，进而愿意做出改正，让事情向着有利于解决的方向发展。

迈克是一家木材贸易公司的货运负责人。一天，他刚到办公室，就接到一个客户的电话。

电话中，那个客户气急败坏地告诉迈克，他们公司刚运去的一车木材，在卸下去四分之一时，他们的木材检验员报告说，有一半木材不符合规格，现在他们停止了卸货，要求迈克立刻赶过去商量处理此事。

迈克放下电话，就急忙驱车赶往那个客户处。路上他一边开车，一边想着如何圆满解决这件事情。两个小时后，迈克来到了客户处，他走进院子时，发现装木材的卡车正停在院子里，车旁站着卸货人员和客户公司的那位木材检验员。

迈克来到卡车旁，仔细查看了车上和已经卸下来的木材，没有说什么。

他让卸货人员继续从车上卸木材，然后请木材检验员继续检验，把合格的木材放一边，而把不合规格的木材放在另一边。

看了一会儿客户木材检验员的检验，迈克发现并不是木材有问题，而是检验员把检验标准弄错了。

那批木材是白松。迈克知道那个木材检验员检验木材的经验丰富，却偏偏对白松的质检和等级评定的要求了解得不清楚。

此时此刻，迈克心里有底了，但是他没有直接对那位检验员的检验标准提出反对意见，而是继续让他检验，自己继续观看，边看边和对方聊起天来。

迈克对那位检验员说，以后送来的木材不会再不合格，一定会满足他们公司对木材的要求，又向对方请教一些检验木材方面的知识，还坚持让对方把不满意的木料都挑出来。那位检验员渐渐高兴起来，之前双方之间紧张的气氛逐渐缓解。

见对方高兴，迈克又问起对方那些不合格的木料究竟在哪些方面不符合标准。在对方的解说中，迈克偶尔轻描淡写地提醒对方几句，有些不合格的木料可能合乎要求。同时，他还向对方解释他们公司所出的价格只能提供这种货物。在说这些的时候，迈克用语很谨慎，避免让对方感觉到他在给对方出难题。

渐渐地，迈克明显感觉到那位检验员的态度在发生变化。聊到最后，那位检验员向迈克坦诚承认，自己对白松的检验并不十分在行，甚至向迈克请教白松的质量检验和等级评定的注意事项。而迈克则告诉他为什么这些木料是合乎标准的，但同时，迈克坚持说，只要他认为这些木材不合标准，那自己就把那些他认为不合格的木料运回去。

那位检验员终于认识到错误出在他们没有指明他们所需要的是什么等级的木料。于是，他又重新对那些之前定为不合格的木料进行检验，最后的结果是全部合格。

事情就这样得到了圆满解决。

试想一下，如果迈克发现对方质检的标准错误后，立即提出反对意见，并指责对方，那位检验员肯定会不服气，这样就会发生争执，即使那位检验员最终被迈克说服，他内心也肯定会产生不满之意，这就为以后的合作制造了障碍。

在保全对方面子的情况下，因势利导，巧妙委婉地"说出"对方的错误之处，让对方在不伤颜面中认识到自己所犯的错误，这样对方就会愿意接受"批评"，而且还可能对你心存感激。因此，在处理这类事情时，要尽量在保全对方面子的情况下"据理力争"。

好感话术

 抱歉，我不知道这批货是您为另一家经销商定制的。我们的产品都是严格按照合同标准出产的，因此疏忽了您的附加要求。但是既然您坚持退货，那我们一定积极处理。

算了算了，产品质量还是可以的，我想办法卖给其他客户吧！